マンガ

自営業の老後

上田惣《そう》子《こ》

文響社

はじめまして——の巻

はじめまして
上《うえ》田《だ》惣《そう》子《こ》と
申します
中年太りをこじらせてます
雑誌や書籍に
イラストカットを
描いている
自営業者です
25歳くらいから
始めて
はや28年
あーそうだよ
プッ
もうババーだよ
座骨神経痛アリ
実にマジメに
コツコツと
仕事をして
きました
二日酔いにも
マケズ
夜中3時まで飲んで朝5時から仕事
フエ〜
さて…と
風呂上がりに
休息もトラズ
買った洋服も
タンスのコヤシ
ホホホ
着ていくトコないっつーの
いっつも家にいるから
悔しいから仕事中に着る

多いときでレギュラー16～17本月の〆切り25本
1本1点～数十点とマチマチ
来週の〆切りですね
だいっじょーぶでーす
なんちゃって
全然大丈夫じゃないへへッ
依頼は決して断りません
そして〆切りは絶対守る!
忙しいよね? でも手伝ってくれない?
えーーっ
同業者の夫
そのためにはまわりもまきこむ
そんな私ですが仕事以外はオソロシクズボラです
でもヒマなときはすごいヒマ
ガチッ
ガチッ
あれ? 壊れてる?
クッソー
ガス代滞納
振り込みや手続きが苦手で常にあとまわし
いい加減金払えや裁判おこすぞ
通販の支払い滞納の督促状
ボエ～

それでも若くて仕事があるときは
年とっても
この仕事していたいなー
フンフンフーン
なんとかなったものでした
——しかし、ソレはヒタヒタと近づいてくるのだった——
47歳のある日
あれ？仕事減ってる？
先月10本？
今月9本
それから7本
それから4本
手帳
数えたくない
じわじわと仕事が減ってきたのです
そして……
年収半分!?
あれ？
確定申告

絵柄を変えてみるか
イマドキの絵柄をパクろう
プライドなんてねーよっ
今ドキのイラスト
わー何かヘンだしっ
これでお金もらってすみませんっ
印刷物
今日からアナタもスリムボディー
ストレ
あの手この手を考えてみたもののうまくいかず……
ムリはキンモツね
年収もついに3分の1以下
八方ふさがり…
た…助けて…
誰か…
迷走…
いつのまにか自分をとりまく状況がすっかり変わっていたのです
モーゼかよ!
依頼
雑誌
依頼
仕事
書籍
仕事
雑誌
取材
原稿料
仕事だけがよけて通る

それでも現状を認めたくない
生活は変えず
今度は門仲のあの店に行こー
ヒマだし
通帳は全部
カラになった
ATM
仕事はどお？大丈夫？
母
大丈夫ー
ウソだ
ある日書店に行って気がつく
あれ？
へんだな

自分が関わった本が1冊もない？
え？本当に？
こんなにたくさん本があるのに？
抜け毛
胸がつまった

もう私
いらない人
なんだ
どこにも
使って
もらえないんだ
〆切り守っても
徹夜しても
いっぱい
いっぱい描いても
全部ムダ
だったんだなぁ
お金がないのも
つらいけど
必要とされなく
なったのは
もっとつらい
このときやっと
自分の〝いま〟を
自覚することが
できたのです

ダメに
なるのって
カンタンだな
この先
どうしたら
いいんだろう
バイト？
内職？
なんにもできない
中年女を
やとってくれる？
エクセルも
使えねーよ
中年……？
せまい
おもい
今年50歳!?
もう
老人じゃん!!
このままいったら
ぷっ
年収
ゼロ円かな？
ーなーんちゃって
ハハハ
笑えねーよ!!
カッ

仕事のない
フリーランスなど
無職と同じ!!
チクショー
またモーゼかっ
自分の未来が
まったく見えない
女50歳
ツブシのきかない
イラストレーター
歯も
痛むし
目も
かすむ
江戸時代なら
死んでますよ
こんな状態で
老人になったら
どうなるの？
不安
ギン

不安すぎて
何も考えられない!!
何？
なんなの
この不安って
仕事？
お金？
愛？夢？
やさしさ？老い？
シワ？タルミ？
肥満？
ふあん…
寒いよ
パトラッシュ
なんだよ
パトラッシュって
生活力ゼロの
老人なんて
まわりの迷惑に
なるだけ
早く
死のう……
——それでも生きていかなくてはならぬのだ——
正体不明の不安に
押しつぶされて
ペチャンコになって
いたときに
上田さーーん
あら
編集者の
ヒダさんじゃ
ありませんの
ゴブサタデー
ヨボヨボ
宝くじ

本書きませんか？
「自営業者の老後」ってテーマで本を作りたいんです
ええっ
下流老人の本じゃなく!?
いっしょに老後の乗り切り方を考えていきましょう
ええええええっ
超タイムリーー
思い出した!!
仕事減って大変なんですー
もうとっとと死のうと思って…
そっかー
前にグチったんだ!!
グチッとくべきねやっぱり
(ラッキー)
神様！これが「渡りに船」ってヤツでしょうか
まるで1本のクモの糸を垂らしてもらったような気持ちです
老後の本かく？
かきます！かきますとも!!

さて……
それじゃ
これから
いろーんな
専門家や
自営業の人に
取材して
みましょう！
老後について
何が知りたい
ですか？
え…
知りたい
こと……？
ビクッ
………
白い…
誰に会って
みたい
ですか？
会いたい人？
シュウ
シュウ
………
白い…
老後
上田さん！
上田さん！
大丈夫ですか？
もう考えなくて
いいですよっ
とりあえず
船には乗った
ガクガクガク
オシャカサマ
年だし これ以上
登れません
あとは ひっぱり
上げてください
甘えるなっ
私に
未来は
くるのか！

20代のころから寝る間を惜しんで仕事をしてきたのに、47歳くらいから3、4年間、わけもなく依頼が減った。
自分で言うのはなんだけど、〆切りは守るし、温厚対応だし、ギャランティにクレームをつけたこともほとんどない。
野心や功名心は持ち合わせておらず、細く長く食っていける「職人」を目指していたので、特にスタイルを作らず、あらゆる注文に対応できるようにしていた。
でも、いつのまにか仕事の依頼が減っていたのだ。
病気休業したことに加え、私に依頼してくれていた編集者たちが、どんどん偉くなって、現場から離れたというのも原因として考えられる。
アホな私は、仕事が減って、収入が落ち、貯金もなくなっているのに、しばらくまったく気がつかず、のほほほーんと暮らしていた。
1年がすぎ、2年がすぎ、確定申告の数字を見た夫の指摘により、ようやく「あれ？　通帳にお金ない」と気がついたのだ。
もともと振り込みや通帳チェックなどの事務手続きが大の苦手。確定申告も何度遅れたことか。ズボラなせいで、目の前がかすんでよく見えないのが常。マンガにも不安、不安と書いているが、いったい何がどう不安なのかも、よくわかっていなかった。超不安なくせに。
ただひとつ、「老後」の2文字への不安だけは確信していた。
「75歳以上長生きしてしまったら、マジやばい……。75歳で死にますように。死なせてください！！！」
と本気で神様に祈っていたほど。

自営業は定年がない。
年をとっても小銭を稼ぐことができる。
死ぬまで働ける。
それは事実です。メリットです。
でも一方で、
自営業は仕事が来なければ無職。
依頼がなくなったら廃業。
これも事実なのだ。

＊

本書では、個人事業主の私が、先輩や専門家の知恵を借りつつ、老後への不安に向き合っていきます。先生方のアドバイスをしかと受け止め、できることを実践していきました。

先を見通し、若いころから賢い備えをしている人にとっては、超低レベルな内容であろうと想像しますが、なぜか私のまわりには、無精フリーランスがとっても多い!! 税金や年金など、ちょっと調べればわかる基礎知識に目を背け、無知ゆえに不安を肥大化させているのです。少し前の私のように。

53歳、ズボラなイラストレーターの焦りと不安にまみれた「老後不安脱出ルポ」が、少しでもお役に立ったら嬉しいです。

上田惣子

マンガ　自営業の老後　もくじ

ブックデザイン　加藤愛子（オフィスキントン）
コラム執筆・校正　山崎潤子

・掲載された情報は2017年3月時点の情報であり、今後変更される可能性がありますのでご留意ください。
・登場する皆さまの家族構成や家計状況等は取材当時（2016年）のものです。
・本書の情報については細心の注意を払っておりますが、正確性および完全性等について一切保証するものではありません。
・本書の情報はあくまで情報提供を目的としたものであり、特定の商品についての投資の勧誘や売買の推奨を目的としたものではありません。
・情報の利用によって何らかの損害を被ったとしても、出版社および著者は理由のいかんを問わず責任を負いかねます。最終判断はご自身でお願いします。

1

老後に備えまくってる
30代のデザイナー加藤さん

さて
これからお金の
エキスパートに
会いにいく
わけですが
お金に強い人たちか…
気が重い……
ねえヒダさん
いきなりプロに
会うより
シロートでお金に
詳しい人に会って
免疫つけるってどうかしら
あ! いますよ!
若いのに
めっちゃくちゃ
老後に
備えている人
いい
じゃん!!
その人!!
ソソソソ…
そんなワケで
加藤さん!!　いま会いにゆきます
デザイナー
加藤さん
36歳女性
ダンナさまは会社員
20代から
老後を見据え
老後のために
生きてきた
2児の母
むしろ
60歳に
なるのが
楽しみ!!

……にしても
いったいなぜ
20代という
若さで老後を
考えるように
なったんですか?
それは
ですね……
すぅ
24歳のころ
シティバンク
投資信託を
始めたんです
50万円を運用
配当金は半期に
一度2〜3千円
そしてリーマン
ショック前に解約し
その後
貯蓄型生命
保険に加入し
60歳で入ってくる
金額が
わかったんです
――そのとき
この金額だけで
老後を
生きていけるかっ
…と焦りました
きゃあ
若いころから投資していたおかげでなんとなくお金のことがわかるし、投資へのハードルも低い。何よりお金が大好きだし!
加入した貯蓄*型の保険などでお金が増えてきて楽しくなって
そんなとき雑誌で「金持ち老後VS貧乏老後」を読んだんです

*25歳から35歳までの10年で払い込み済。あとは放っておくだけ。何年後にいくら増えている、という図表を眺めるのが楽しいらしい。

わかる! その気持ち

ヤッベー
このままじゃ貧乏老人になっちゃうわ！って思いました
で、すごい驚いたのがその実例
うちより年収が低いのに60歳までに1億円貯めてる人もいるんですよ!!
1億円!?
1億円
貯まるの!?
ソレ!!
ってことはうちはすごいムダづかいしてる!?
だったら貯めて
豊かな老後を送りたい!!
――それが動機です
金だっ
金ッ!!

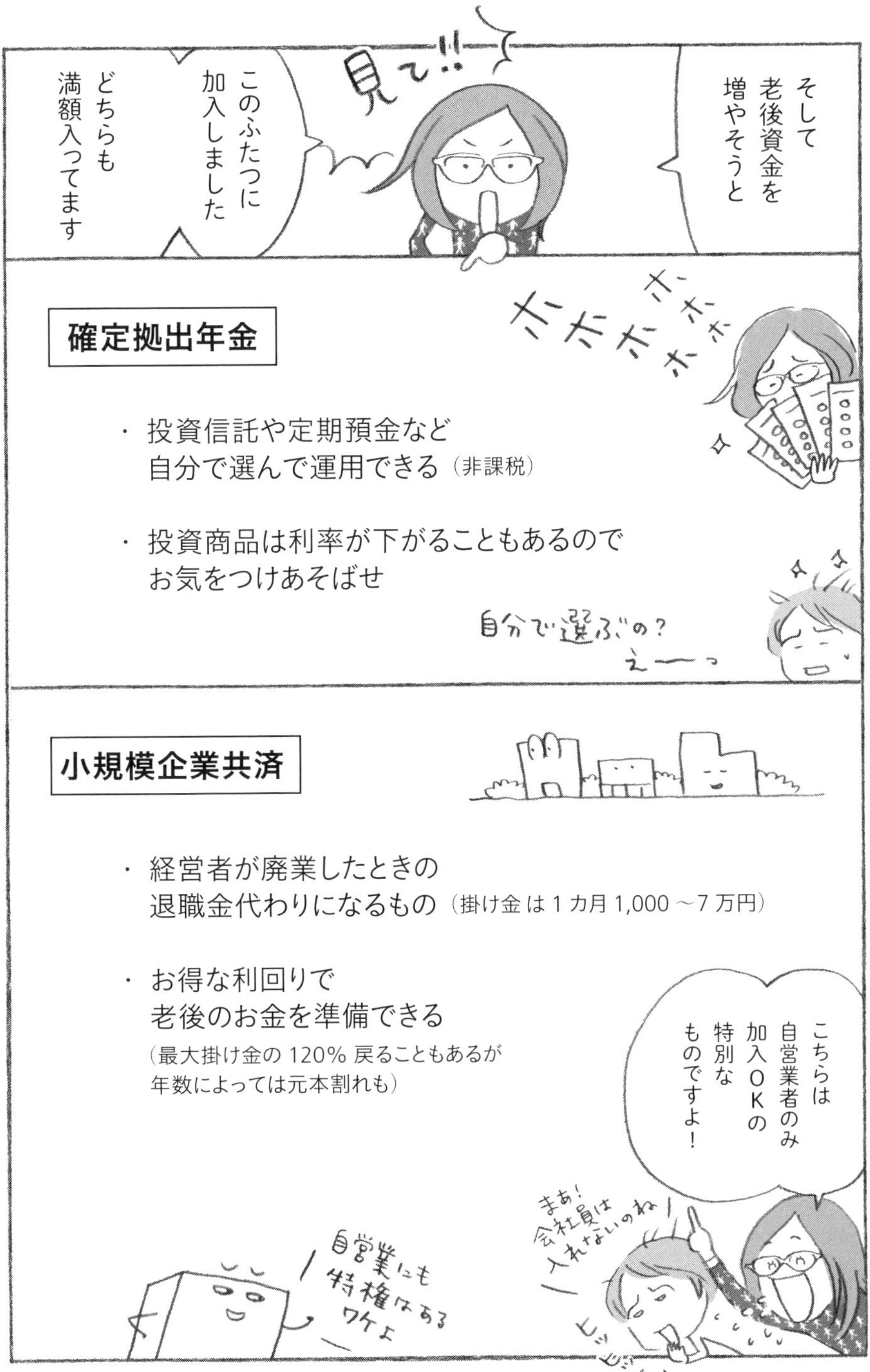
そして老後資金を増やそうと
見て!!
このふたつに加入しました
どちらも満額入ってます
確定拠出年金
・投資信託や定期預金など自分で選んで運用できる（非課税）
・投資商品は利率が下がることもあるのでお気をつけあそばせ
ホホホホホ
自分で選ぶの？
えーっ
小規模企業共済
・経営者が廃業したときの退職金代わりになるもの（掛け金は1カ月1,000～7万円）
・お得な利回りで老後のお金を準備できる（最大掛け金の120%戻ることもあるが年数によっては元本割れも）
こちらは自営業者のみ加入OKの特別なものですよ！
まあ！会社員は入れないのね！
自営業にも特権はあるワケよ

※参考資料「家計調査報告(家計収支編)平成28年=世帯属性の家計収支(二人以上の世帯)」/総務省統計局

※上の数字は加藤家の場合ですよ

※亡くなった人と遺族の要件によって受給額は異なります

そうはいっても加藤さん
老後清く貧しく美しく生きられるはず!!
本は図書館で借り
同じく図書館通いの老友ができ
道端の花を愛で
今年もキレイね
ゲッゲッ
植木の世話をしたりプチトマトを植えたり
おいしー
今朝鉢にオシッコしたよ
趣味の散歩で動物と会話
カラスちゃん
おはよう
アー
かわいそう
たまーに老友とランチ
あの人まだ生きてる?
ううん
老友=老人の友だち
シ・ア・ワ・セ
甘い!!
ブチッ
図書館とか公共のものを使って楽しく暮らせそうじゃないですかっ

老後「図書館で本でも借りて静かに暮らすの♥」だと!?
よくよくよ〜く考えてみろっ
START
図書館で本を借りようにも
足腰弱って10分も歩けない
図書館まで歩けないよ
あたた
結局ヨボヨボの引きこもりになって
お金がないから
子どももまごも寄ってこない
まごにあいたいよ〜
オモチャのひとつも買ってくれないわよね
おばあちゃんってお年玉もくれないんだよねー
お金がないから趣味を始めることも
友だちと食事に行くこともできない
え?ランチ代ないの?
1000円だよ
・・・
人に会わないから
情報も得られない
もう生活保護受けたい
でもどうやって受けるの?
わからないっ
そのうえ
「思い出のある家だから」と
家を手放さない
生活保護の受給が難しい
誰か…お金ください
なにこれっ不幸すぎるだろっ
老後の生活費が現役時代の7割かかる……これはデータも出ていることです
エンゲル係数の高い家は7割よりもっとですよ
うえっ外食してる場合じゃないか

上田さんちはいま貯蓄キチンとしてますか？
え？ちょ…ちょちく…
老後はお金
あの……その私自分ちの預金とか収支とかその……全然わかんないいんです
だからキチンとっていっても……わからなくて
わからなくて…
モジモジ
え――っ
全然？
まったく!?
カケラも
ハイ
いまからでも遅くない！
やれ！いますぐだ！
まずは家計をクリアにすること！
自分ちの家計を見えるようにして
自分ちの資産借金
その後老後に向けて軌道修正！
そして次は預金！
なんだかスミマセン…

預金は円だけではなく
ドルやクローネなどに分散
さらに株や債券にも
分散させて
リスクを減らします
卵は
同じカゴに
入れるな!!
株
$
¥
債券
預金
Kr
リスクって
何のリスク〜〜
クローネって
ナニー？
南の島のフローネ
じゃなくて？
ハイパーインフレで
円の価値が下がったら
預金なんて
紙クズですよ
リスク
か、紙クズー!?
上田さん
52歳
36歳
……ハイ
ゴクリ…
いま苦しい老後を
送ってる人って
まさか自分が
こんな生活に
なるとは
思ってなかった
はずです
グー
キュルルル
グー

フツーに働いて
フツーに生きてきた
♪～
でもみんながフツーの老後を送れるワケじゃないんです
ビンボー老後になってしまうのはなぜだと思います？
お金の知識がまったくないからです
私はシロートだけど雑誌などでキッチリ情報収集してますよ
プレジデント
日経マネー
ダイヤモンド
東洋経済
流し読みで十分!
経 済
情報を知ってるだけで
収入や借金に数十万～数百万円の違いが出ることもある!!
ちょっとの知識の差でお金って大きく変わってくるんです
それこそマンション買えるくらい!
へ…へーーえ

私は
グラフィック
デザイナーを
してますが
キリッ
50歳を
すぎたら
仕事は来なく
なると
思ってるんです
な……
なぜ
そんな大御所でも
ないし
年をとったら
担当者も現場から
いなくなるしね
そうね…
身に
しみてる
いまはまだ30代だから
年上からも
年下からも
頼まれやすいけど
50代
60代は
そうも
いかない
そ…
そうね
そうだわ
その通りよ
すごく
身にしみてる
仕事くださーい
イヤ
ちょっと…
もう営業は
ムリか…
お金のことを
ちゃんと
考えることは
未来の自分を
助けることでも
あるんですよ
老後のために
用意しといたわよ！
10000
過去の自分のバカッ
30年後の
自分
あら
いまの自分を
助けるのは
過去の自分なの!?

そうそう そういえば 専業主婦の 友だちが…
加藤さん……
再就職先 探してるんだけど 全然ダメで
だーって月に10万円 しかもらえないのよーっ
なんて 言うから
その知識 その意欲 そのバイタリティ
あんたね！
10万円なんて年間で 120万円でしょ！
10年で 1200万円よ！
そんなお金 あんたの節約だけで 貯められると思ってんの!?
…って 言ってやったんですよー
ハハハ
そしてその 説得力……
デザイナーやめて 自営業者専門の ファイナンシャル プランナーに なりませんか？
えーっ
ハハハッ
メンドくさーっ
イヤですよ〜 自分のことは 自分でやんなきゃ 身につきませんよ
そうそう ファイナンシャル プランナーっていえば この間 私…
そして 私を助けて！
話は続くよ どこまでも

まとめ
36歳2児の母である加藤さんは
こんなことをしています
・貯蓄型生命保険（個人）→ 800,000円（年額）
・養老保険（個人）→ 400,000円（年額）
・確定拠出年金（満額）→ 68,000円（月額）
・小規模共済（満額）→ 70,000円（月額）
・SBI証券の積み立て投資信託→ 10,000円（月額）
準備万端よの
早く60歳になりた〜い
たぶん
これくらいだったかと……
うわっこんなにガッチリ
あなたはいくつできてますか？
ニヤリ
できてますか？
お金に強い人ってやーねーもーっ

コラム1

超超お得な「確定拠出年金」「小規模企業共済」

加藤さんに教えてもらった「確定拠出年金」と「小規模企業共済」。
ホントにお得なので、みなさんに詳しくお伝えします！
……といっても、昨日今日知った私に
「わかりやすく解説」なんてできるわけないので、
お金ライターの山崎潤子さんに解説をお願いしましたっ！

所得控除で税金が軽減！

自営業の人に「老後の備え」としてぜひ検討してほしいのが、「**確定拠出年金**（**個人型**）」と「**小規模企業共済**」です。

マンガに登場したためちゃくちゃお金に強いデザイナーの加藤さんは、当然両方に加入しています。さすがです。なぜならどちらも国の制度であり、ものすごーくお得だからです。

まずは「**確定拠出年金**（**個人型**）」について。**年金**という名前の通り、国民年金や厚生年金などの公的年金とは別に、自分でお金を積み立てて老後に備えようというシステムです。確定拠出年金のすごいところは主に次のふたつ。

①掛け金は全額所得控除
②運用益は非課税

まずは①。毎年確定申告をしている自営業者ならおわかりかと思いますが、掛け金が所得控除になれば、当然支払うべき所得税や住民税がお安くなります。

たとえば年収500万円の自営業者が上限である月6万8000円の掛け金を支払うと……、**年間の節税額はなんと24万円以上！**（試算）になります。

24万円あったら
モルディブで
海入りほうだい
浮いたお金で
遊べちゃう

運用益非課税で有利な運用を！

次は②。通常、お金を運用して得た利益（預貯金の利息や株式投資の譲渡益や配当金など）には、20・315％もの税金がかかります。20％以上ですから、消費税どころではありません。お金を運用するにあたって、実に大きな負担です。

たとえば月6万8000円を30年間、年利1％で運用すると、運用益にかかる税金は800万円以上！　**確定拠出年金ならこれがすべて非課税**です。

①と②を合わせれば、30年間で1600万円以上もの節税になります。老後の備えとして運用を始めるなら、少し前に話題になったＮＩＳＡ（**少額投資非課税制度**）よりもはるかにお得です。

注意しなければならないのは、確定拠出年

金はあくまでも年金なので、**受け取りが60歳以降**であること。貯蓄がわりにと無理して目一杯掛け金を投入してしまうと、60歳以前に必要になったとき、引き出せません（死亡などの場合を除く）。

確定拠出年金の運用方法は、自分で選びます。安全性を重視するなら預貯金や保険商品、ある程度のリターンを狙うなら、多少のリスクはありますが、投資信託がおすすめです。

利回りは預金の1000倍!?

次に「小規模企業共済」を紹介します。これは自営業者が廃業したときに備え、自分で**退職金**を準備するシステム。主なメリットは次のふたつです。

①掛け金は全額所得控除
②予定利率が高い

小規模企業共済は確定拠出年金と同じく、①掛け金の全額所得控除が受けられます。併用できるので、**仮に両方上限まで利用すれば、節税効果もダブル**。合わせて月13万8000円、年間165万6000円もの所得控除が適用されます。老後資金を貯めながら節税できるなんて、まさに夢のよう。所得税や住民税はかなりお安くなるはずです。

次に②予定利率の高さ。

いまは銀行の預金金利が0・001％の時代（2017年3月現在）。対して**小規模企業共済の予定利率は破格の1〜1・5％！** たとえば30年間、上限の7万円を掛け続ければ、受取額は約3000万円。試算では、通常の預貯金よりも500万円ほど利息分が多くなります。

小規模企業共済の注意点は、廃業などの理由以外で解約する場合。掛け金納付月数が20年未満の場合は元本割れになるので気をつけましょう（廃業の場合は大丈夫です）。

このように、「確定拠出年金」には強力な節税効果、「小規模企業共済」には節税効果＋有利な利回りの適用があります。自営業者が老後資金を準備するなら、利用しなければ損！であると断言できます。

余裕があれば加藤さんのように満額掛けるのも手ですが、掛け金は自分の収入と支出のバランスやライフプランを考慮に入れて決めることをおすすめします。（山崎潤子）

違いをしっかりおさえよう！
自営業者のための「**確定拠出年金**」と「**小規模企業共済**」

2017年1月現在

	確定拠出年金（個人型）	小規模企業共済
目的	自営業者等が 自分で**年金**を準備する	自営業者が 自分で**退職金**を準備する
掛金（月額）	5,000円〜68,000円 （国民年金基金を併用する場合、上限は合わせて68,000円）	1,000円〜70,000円
加入資格	国民年金の第1号被保険者※	従業員が20人以下の 個人事業主等
利回り	運用先によって異なる	共済金A（廃業時）は約1.5%程度 共済金B（老齢給付）は約1.0%程度
掛け金の増額・減額	可能 （年に1度）	可能 （いつでも）
受取時	60歳以降	共済金Aは廃業時 共済金Bは65歳以降
税制優遇	・掛け金の所得控除 ・運用益非課税 ・受取時の退職所得控除や公的年金等控除	・掛け金の所得控除 ・受取時の退職所得控除や公的年金等控除
申し込み	取り扱いのある 銀行、証券会社、保険会社 などの金融機関	取り扱いのある 委託団体または金融機関

※会社員（第2号被保険者）、主婦（第3号被保険者）も加入できるが、掛金の上限は12,000円〜23,000円となる。

2

90 歳までの
生涯収支を計算してみる

私はお金が大好きだ
宝くじ当たりますように
念
いっぱいほしい
でも10枚しか買わない
ケチだから→
右に
お札ひっくり返してお財布に入れると
出ていきにくいんだって
ほぅ
0000 失
――という人あれば
マネし
左に
「お金が大好きだー」と叫ぶとお金は寄ってきます
――という人があれば
叫ぶ
お金が大好きだー
やめるよ
なのになぜか
お金の計算が大嫌いです
スキなのにキライ
フクザツな女心…

家計簿は
おろか
おこづかい帳も
3日坊主
毎年の確定申告も
夫まかせ
領収書は
紙袋に
投げ込むだけ
ゴチャ
ゴチャ
仕事も
プライベートも
一緒
ふだんの収入も
支出も
あれ？
最後に通帳記入
したの
いつだっけ
オイ
BANK
まったく
把握して
おりません
そんな私が
こんな大それたことに
手を出すとは
生涯収支を
計算してみよう!!
ブルッ
イヤな
予感しか
しない…
生涯収支表

いったいなんでこんなことになったかというと……
上田さんの不安の正体ってなんですか？
テキパキ
テキパキ
お……お金？
何にいくら足りないんですか？
ドキ
ドキ
考えたこともありません
じゃとにかく「不安」なんですね
ハイ
「不安」っていくらお金が足りないのか具体的にわかると消えるらしいですよ
「生涯収支」を出してみましょう！
ドンッ
老後のお金
ひださん……
イヤだそんなことするの…
ああ巻き込まれていく……
何かよくわからない渦に……
たすけて〜
だれか〜
オ〜イ
つか「生涯収支」ってナニよ

生涯収支――ザックリ言うと
90歳までのお金の流れを年ごとに書き出して把握する
いくら入っていくら出ていくのか 収支を合わせる
墓
――ってコトです
これからの人生どんなイベントがあるか
人間50年が
もう90年か…
信長もビックリ
またそのイベントにいくら・・・かけたいか・・・
いくら「かけたい」か?
いくら「かかる」か
ではなく?
そう!
自分は何をしたいか
どこに重点的にお金を使うか
自分が価値を感じていることから順にお金をかけていくという意識が大切らしい
バンドしたい
子供の教育
シュミの登山
海外移住
畑仕事

これは私の脳内。子供や親にお金をかけたいなど人それぞれ。
自分のお金をかけたいものを書き出してみて♥

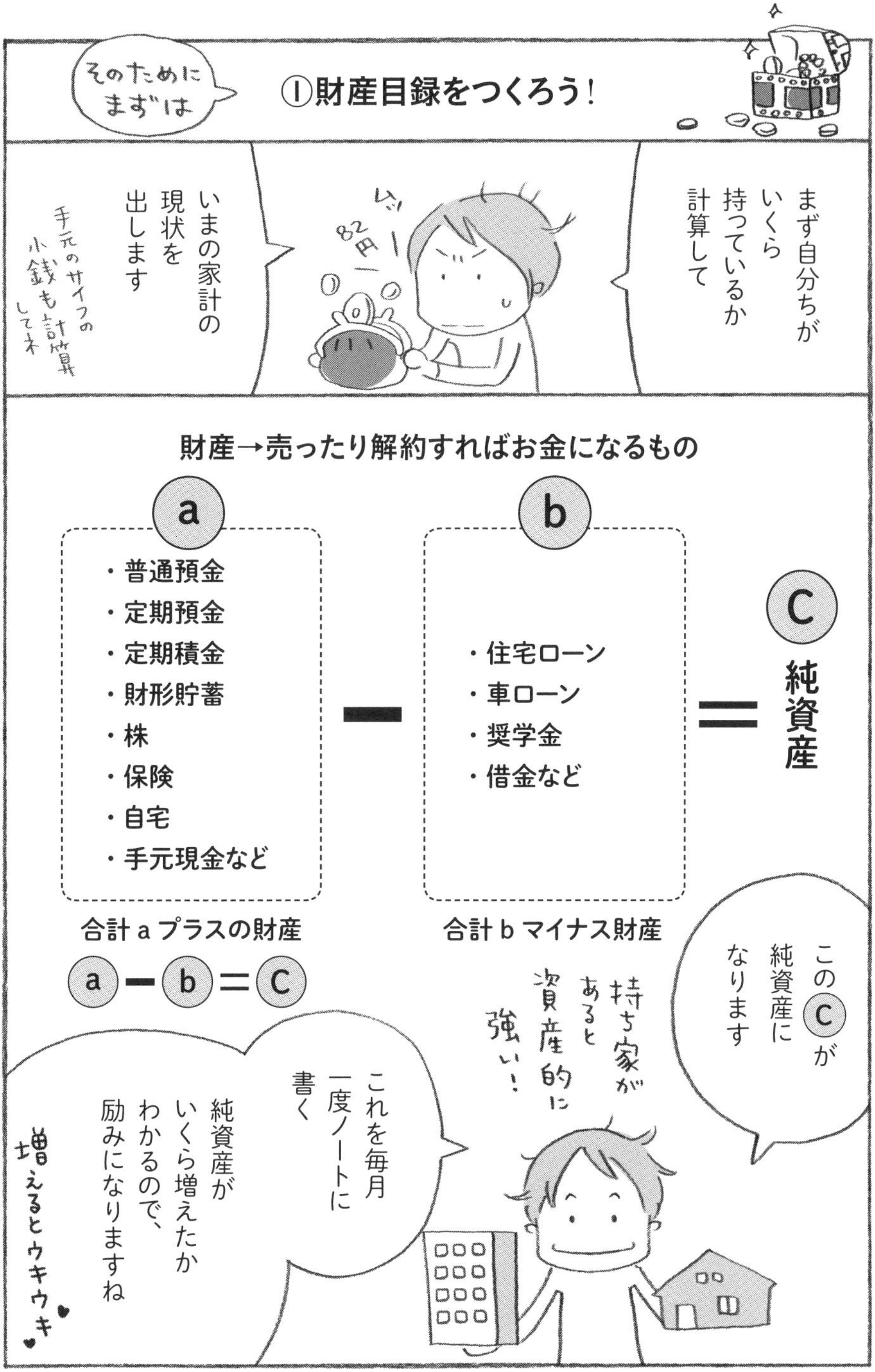
そのために まずは
①財産目録をつくろう！
まず自分ちが いくら 持っているか 計算して
いまの家計の 現状を 出します
82円
手元のサイフの 小銭も計算してネ
財産→売ったり解約すればお金になるもの
a
・普通預金
・定期預金
・定期積金
・財形貯蓄
・株
・保険
・自宅
・手元現金など
合計 a プラスの財産
b
・住宅ローン
・車ローン
・奨学金
・借金など
合計 b マイナス財産
c 純資産
a − b ＝ c
このⓒが 純資産に なります
持ち家が あると 資産的に 強い！
これを毎月 一度ノートに 書く
純資産が いくら増えたか わかるので、 励みになりますね
増えるとウキウキ

②短期の収支を出してみる

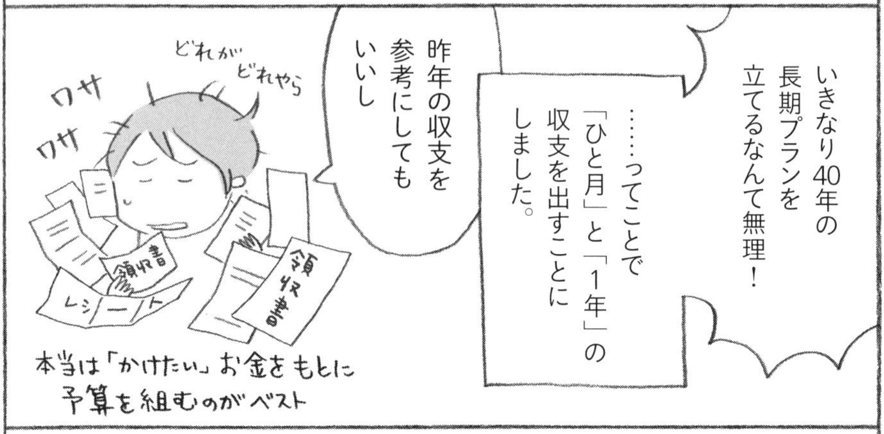
いきなり40年の長期プランを立てるなんて無理！
……ってことで「ひと月」と「1年」の収支を出すことにしました。
昨年の収支を参考にしてもいいし
どれが どれやら
ワサ ワサ
領収書
領収書
レシート
本当は「かけたい」お金をもとに予算を組むのがベスト

月の収支

月の収入

・給料+その他
（夫婦共働きなら合計して）

月の支出

・生活費
（光熱費、食費、雑費、携帯代など）

・医療費
（毎月かかるもの）

・子ども費
（学費、習い事、塾など）

・保険など

年の収支

月の収入

×

12カ月

＋

ボーナス、臨時収入など

ザックリと！

月の支出

×

12カ月

＋

・各種イベント
（誕生日など）

・急な出費

・税金

1年の合計収入 | 1年の合計支出

③そして！　老後どうしたいか想像する

ではいつ買ってどんな暮らしをしたいのか

さて！　現在から90歳までの収支予測

65歳で家を買った！……と想定して算出してみました
家とか家賃とか考えられて楽しい！
とらぬ狸の皮算用
夫婦で働いている場合は合算してくださいね
夫婦でサイフはひとつよ！

年		2017～	2023～	2029～	2030～	2044～	2054
自分の年齢		53			66		90
夫の年齢		54			67		[illegible]
収入	固定	給料分			317		[illegible]
	変動	自営分			216	0	0
	保険・退職金			0	0	0	0
支出	預金			0	0	5000	0
	生活費					360	360
	旅行	30	30			0	0
	保険	182	182			17	0
	医療費	108	61	35		[illegible]	
	住宅ローン	50	50				
	その他					0	[illegible]
	親・親戚			[illegible]		750	50
	リフォーム			5	5	5	5
	家購入	0	0	3500			
支出		972	863	4195			
差額		147	331	▲3828	[illegible]		[illegible]
預金残高		1939	2599	55	131	4553	▲104

住んでた家を賃貸に！　家賃月18万円と想定

年金や保険など

生活費＝食費・雑費ペット代

家を2軒売却　5000万円（値下りの見込み）

家の買値より売値のほうが安いと税金はかからないんだって

売ったお金で老人ホーム

家購入リフォーム代などあわせて3500万円

家を売らない場合は428万円の赤字

てなわけで
ザーックリと
計算した結果
生涯収支は
104万円マイナスだった
のですが
90歳まで
なんだから
ザックリでOK
現在から
90歳までの収支
予想
これくらいなら
収入や支出で
調節できそうかも？
預金や保険などを
増やしたりして 老後に
受け取れるお金を
準備するとか
おもしろかったのは
老後を
妄想できること
家賃もらう妄想
そして未来の家計を
試算することによって
老後の目標や
やりたいことが
どんどん
ハッキリしてきます
美…
酒
目標のためなら
貯金も楽しい！
家
デブ
旅行
おかげで働く
モチベーションが
ガゼン上がりました!!
いままではバクゼンと
働いてきたんだと痛感
節約も
したくなって
きた！

私と同じ50代はもちろん
30代40代だって
一度生涯収支を計算すると
意識が
変わってくるはずです
80歳
60歳のトビラ
歳のトビラ
みんな価値を
感じるものは
バラバラで
資産も収入も
支出もバラバラ
貯金するぞ！
借金返すぞ
ヤセるぞ～
多くても少なくても
老後の目安がつけば
いま何をすべきか
わかると思いますよ
（たぶん‼）
モヤッとした不安も
具体化できて
二度オイシイ
……でもね
この計算
実は超
メンドクセ―――――んですよ
それでも
やって
よかった！
――感が
味わえるので
だって予測もできない未来をお金に換算するんですよっ
絶対
オススメです！

コラム2

生涯収支を出してみた

90歳で死ぬという設定で、生涯収支を出してみた。
参考文献は「正しい家計管理」「老後のお金」（林總著　WAVE出版）

収入を予測してみる

過去の痛い経験から、年収はそんなに長くキープできないだろう。55歳くらいまで、いまの年収をキープ。その後は、1年ごとに50万、100万と下がっていくと予測し、年収＋パート収入で計算。

何歳まで働く？

70歳まで働く予定で計算。
60歳になったら沖縄のおいしい味噌もやしそば屋に修行に行って、東京で店を開く……とか夢は果てしないが、リアルな予測としては、いまの仕事をできる限り続け、足りないぶんは老人でもできるパートで補足しようと思ってます（老人ばかりでやってる定食屋さんで働くのが希望）。
どう考えても収入は少しずつダウンしていくだろうと予想。悲しい。

支出を予測してみる

本書の企画を始めるにあたって、2カ月くらい家計簿をつけたので、それを参考にしました。年をとるにつれて支出は変化していくので、医療費などをネットでざっくり調べて記入。

1年ごとの収入と支出、貯金額を予測計算し、赤字にならないよう生涯の収支を合わせる。たったこれだけのことですが、数字が整うまで、めちゃくちゃ大変だった。

「数字を大づかみするのが目的だからざっくりでいい」と本には書いてありましたが、うーん、半年先の収入さえ予測できず、ざっくりでも超大変。おかげで2キロ痩せて嬉しかった（すぐ戻ったけど）。

大変な理由1　夫婦合算

家計は世帯単位で考える、つまりパートナーとふたり合わせて、収入予測、支出予測をしなければならないのだ。

しかし我が家は、20年近く独立採算制。住宅ローンも仲良く半分こ、相手の収入は知らないという状態だったので、まずは夫婦合算するのに一苦労。今回はじめて夫の収入や貯金額、入っている保険を知った。隠し財産はなかったけど、何より借金がなくてよかった！　独立採算制の怖いところは、配偶者の借金と聞いていたのでひと安心ってとこかしらん。

大変な理由2　通帳などがバラバラ

たくさんの通帳、たくさんの保険証書が家じゅうのいたるところに散らかっていた。記帳も中途半端で、この口座は生きてるのか、何がどこから引き落とされてるのか、把握するのが大変だった。

大変な理由3　計算が弱い

電卓を使ってるのに計算を間違えます。なぜ？

また違う！
こわれてんじゃないの
これ!!
こわれてねーよ
でんたく

価値を見つめる

著者の林先生が繰り返しているのは、「支出」は「価値観の反映」であるということ。限られた生涯収入なのだから価値の高いものにお金を集中させる、という考え方におおいに納得しました。

価値を考えて買い物するので、無駄なものを買わなくなり、適当な外食が減った。ネット通販もしなくなった。といっても、ガマンはしていない。自然とお金を使わなくなって逆にスッキリと気持ちいい。

価値を見つめるうちに、家事時間を減らして仕事をしたほうがいいということが見えてきて、「時間を買おう！」と、ルンバ（ロボット掃除機）とブラーバ（床拭きロボット）を買った。

この買い物には大満足！

3

65 歳フリーライター
佐竹さんの暮らしと家計

持ち家なし 月々の年金 5万円＋ 少々のバイト……
それだけで 人生楽しく 暮らしている 人がいる——
そんな噂を 頼りに 歩いてみたら
キラ
キラ
ホントにいた！ ——そんなヒト！
さたけ でーす
佐竹さん 65歳男性 ライター
このユルさ！ 他人とは 思えない！
レモン色の セーター
毛玉
スイカ色のセーター
毛玉

年金5万円で生活はどうしてるんですか？
家賃とか……まさか野……
知り合いから借りてるの
一軒家を無償で
えっ
そもそも佐竹さんって何者？
家ってタダで借りられるもんなの？
なに？その人脈…
そゆこともあるのよ
佐竹さん　そもそも物語……の巻
佐竹さんはそもそもいいトコの息子さんで
大学は立教
わー
えいっ
わー
全共斗
卒業後はマスコミを目指すも
全滅
親のコネで労働金庫に入社
しかもトップで
わー
落
落
落
全共斗
その後人生は進み……
結婚
25歳
失職
33歳
離婚
37歳
――37歳の新春
ゆ～び～ん

友人の訃報が届いた
かねてより入院加療
永眠いたしました
故人が生前中賜りま
お礼申し上げます
酒もタバコも女もバクチもしなかったマジメ一方のお前が……
たった37歳で……
——そうか……
人間なんていつ死ぬかわからないんだ
ポタッ
友よ
ボク　もう好きなことするよ
好きに生きるんだ！
ボクの好きなことって……
ダラダラしたい
——違くて

もともと映画や本が好きだったので
それを生かせるライターになろう!
しかし昔から文士は筆一本で食えないものと決まっている!
雑誌などで映画や本を紹介しよう!
土日だけのバイトも探すか
えっバイトするの?
そりゃそうだよ
フロムB
安定収入があってこそ好きな仕事ができるってもんです
なんと!
考えたこともない。
配膳の仕事?
何かよくわからないけどこのバイトしよ
フロムB
フロムC
確かに……生活に追われてはやりたいことも中途半端になりがち……
足もとをガッチリ固めて我が道を突き進む佐竹さん
Going my way
土日だけで月10万円稼げちゃうんだよ
これがっ
やりたくてもなかなかやれないもんですよコレ
スゴイ

が！　時はバブル！
ライターの仕事はあふれるようにあった!!
2年ほどで筆一本で生活できるように！
配膳の仕事やめまーす
仕事しまくった
ザク
ザク
スーツはアルマーニ
フェンディ
——しかし6年後仕事減！
配膳会社
オッケー
また配膳の仕事よろしく
バブル以降消えたライターは多かったが
そこは乗り切った

これではイカン！と自分で企画出版した本がヒット！
とおっ
ドッボ
酒
金
女
バブル
以後ずっとライターと配膳の仕事の二足のわらじで生活してます
配膳は若いころからやってたからいまでも体が動いちゃう
月7〜8万円稼ぐよ
若いときの自分がいまの自分を助けてるんですね
――そして現在の佐竹さん――
ボクね収入の絶頂期、「自分バブル」に気づかなかったの
ずーっとこのまま仕事が続くと思ってた
でもいつのまにかお金が入らなくなってたのね
そこではじめて「自分バブル」が終わったことに気づいたの
自営業者ならみんなわかる話かも
わかります!!
わかります
コク
コク

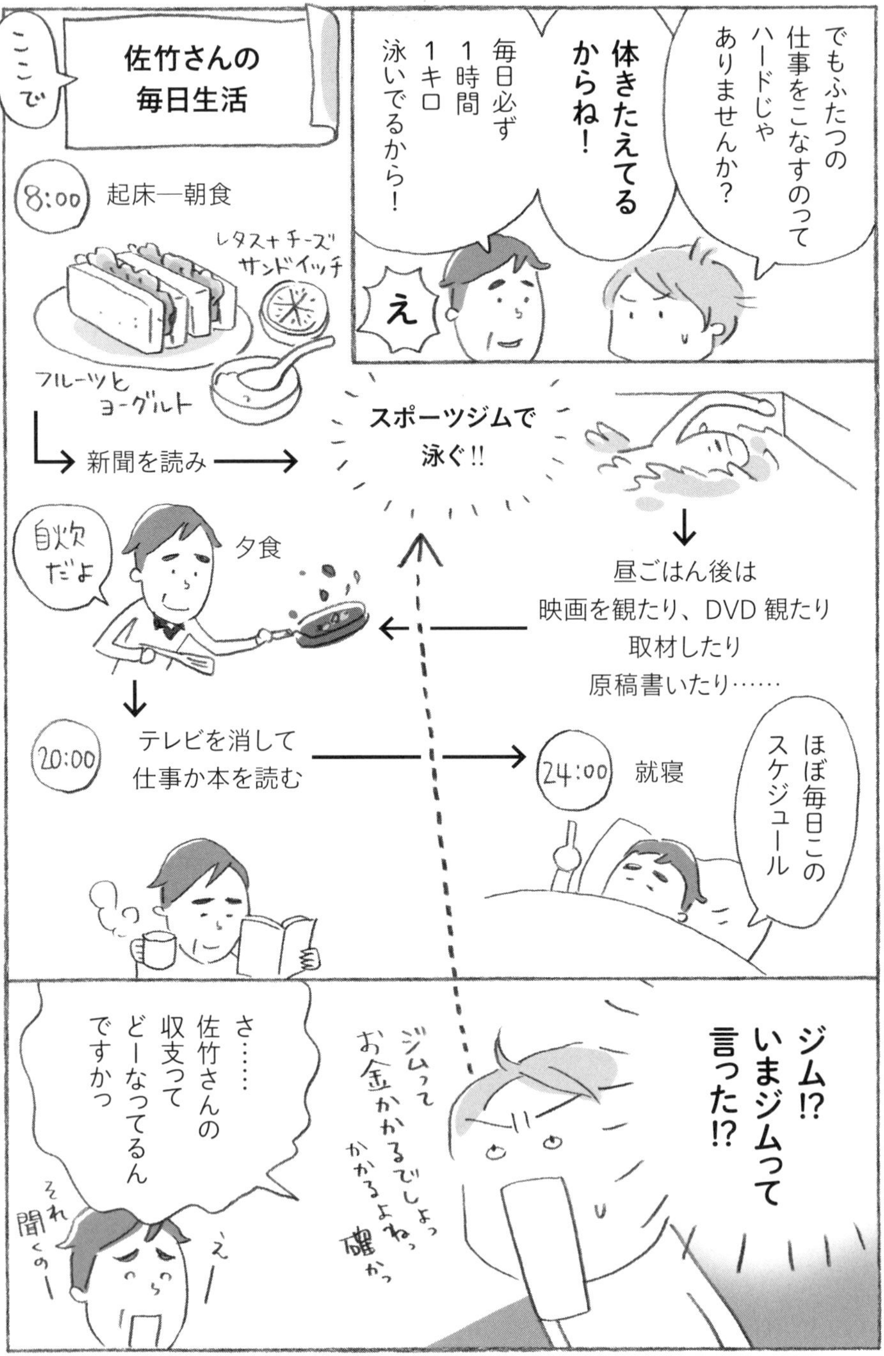
でもふたつの仕事をこなすのってハードじゃありませんか?
体きたえてるからね!
毎日必ず1時間1キロ泳いでるから!
え
ここで
佐竹さんの毎日生活
8:00 起床―朝食
レタス+チーズサンドイッチ
フルーツとヨーグルト
新聞を読み
スポーツジムで泳ぐ!!
昼ごはん後は映画を観たり、DVD観たり取材したり原稿書いたり……
夕食
自炊だよ
20:00 テレビを消して仕事か本を読む
24:00 就寝
ほぼ毎日このスケジュール
ジム!? いまジムって言った!?
ジムってお金かかるでしょっかかるよねっ
確かっ
さ……佐竹さんの収支ってどーなってるんですかっ
それ聞くのー
え

どーなってんの!?
佐竹さんの生活費教えて!

1000

65歳
現在

収　入

年金……2カ月ごとに 92,166 円

配膳収入……
ふつうの月は土日のみで月 7 ～ 8 万円
2 月 8 月（ニッパチ）は、1 カ月 5 ～ 6 万円
忘年会・新年会の 2 カ月で 50 万円

それに原稿料
印税収入があって
マチマチです

BEER

支　出
（固定費）

ガス……2,000 円
電気……5,000 円
水道……1,500 円
電話……2,000 円
スマホ……10,000 円
プロバイダ料
……5,756 円
健康保険料
……1,900 円

夏・冬は冷暖房で
1カ月10000円に
なっちゃう

ジムで
朝シャワーを
すませるから
水道・ガス料金
安いの

スポーツクラブ
……11,340 円
wowow
……2,484 円
新聞（朝日・毎日）
……8,074 円

ジムで毎朝泳ぐ!
健康でいなくっちゃね
ザバ
ザバ

ジムって
シャンプーも
あるし
いいよね

2 カ月に 1 回　NHK 受信料……4,460 円

固定資産税……3,000 円

支　出
（変動費）

食費……10,000 円

交際費
……5,000 ～
10,000 円
カラオケパーティー参加費

お菓子・ドリンク
……3,000 円
業務スーパーか安売りのまちおかで買う
業務スーパーではドリンクは基本 37 円
（コーラ・ジュースなど）

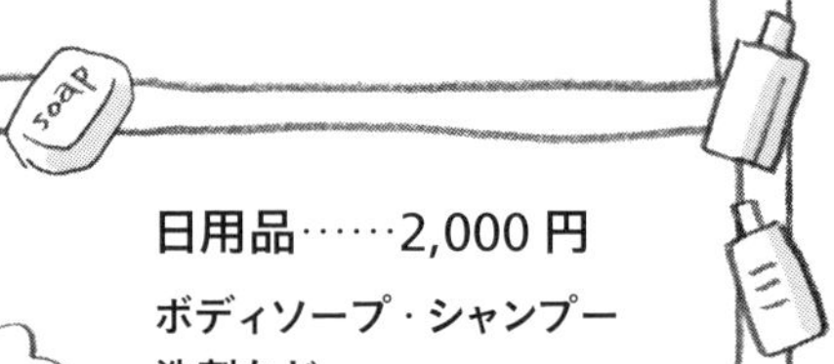

日用品……2,000 円
ボディソープ・シャンプー
洗剤など
雑貨はだいたい 100 均で買う

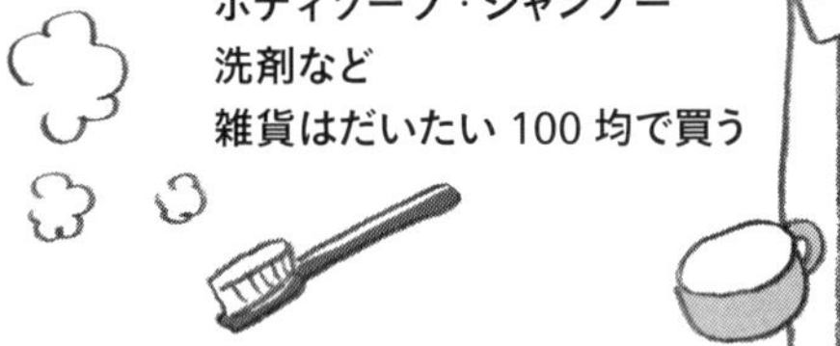

映画……5,500 ～ 9,900 円
シニア料金で 1,100 円
通常料金 1,800 円では二の足を
踏む作品も 1,100 円だと
「ま、いいか」と観ることに

芝居・コンサート
……7,000 ～ 15,000 円
毎月じゃないよ

書籍代
……5,000 ～ 10,000 円
本は基本、図書館で借りる
図書館にない本は買う
雑誌は立ち読みか図書館

レンタル DVD 代
3 カ月で
6,208 円

ボクが自炊するようになったのは
お前の文章がつまんないのはしてるからだろ！外食ばっかり
人の作ったもの食べるだけなんて創造性がないんだよ！自分で作れ!!
恩人の言葉
……って言われたからなんですよ
なるほど
一理あるような
ないような
体にもいいしね!!
……でもこの生活について素朴な疑問なんですが……
Q 病気になって働けなくなったらどうするんですか？
A そんなこと考えないよ
交通事故と同じで「事故にあう！」って思ったら外に出られないでしょ？
Q 事故は交通ルールを守ることで防げますが……
A 赤信号で突っ込んでくる車だってあるからキリがないよ
ガン
イテッ
Q 保険等の備えは？
A ない！
備えは体！
健康第一！
ビシッ
保険
ガン
病気
入院

すべての基本は「健康」だよ！
飲まない打たない買わない
ジム通い!!
よっつの「い」で丈夫になろう！
健康でさえあれば人生ってなんとかなるもの
あとは楽しく暮らすこと
それがムズかしくて……
コツは「人と争わない」ことなんだよ
あの人シアワセそうでいいわね
争うって「自分の正義」を押し通すからおきるでしょう？
オレの考えは正しいんだーー
……って思ってるヤツはどこ行ってもケンカしちゃうの
サンドイッチにはマヨネーズだ
いやバターだ
自分の「正しい」は他人の「正しい」じゃないんだ
オレの正しいはコレ
オレの正しいはコレ
バター
マヨ
あとは「説教しない」ことね
いまどきの若いヤツはまったく！
オレの時代はしょうゆだっバカモノ
いちばんキツイ「人間関係」のストレスがなくなるんですね

健康だし
ストレスフリーだから
不安や焦りが
ないんだよね
健全なオーラ
強いなー
若いころに
思った
「好きなように
生きる」
心配
焦
焦
不安
負
不安
焦
佐竹さんは
ずっとブレずに
自分の信念を
通してきた人でした
あやかりたいです！
パン
パン
あーでもさ
今朝困ったことが
あってさ
ピンポーンと
チャイムが鳴ってさ
「あと1年で家を
出て行ってください」って
言われちゃってねー
まいったよー
住むとこ
なくなっちゃうよ
ズゴーー
やっぱり
大丈夫
なんだろうか!!
マジで

コラム3

備えていなかったのに、楽しそうな自営業老人はいるのか

雑誌の「貧困老後」の特集をペラリとめくるだけで、悲惨な自営業者のサンプルがたくさん。

5万円の年金で7万円の家賃が払えず都営住宅に移ったり、お客さんが減って長くやっていた喫茶店を廃業することになって70代でまったく食えなくなったり。

身近でも（そして老人じゃなくても）しんどいフリーランスの話はよく耳にする。

「仕事の依頼がなくなって廃業し会社員になった」というのはまだいいほうで、あんなに売れていたあの人が、蓄えてなくて50すぎて生活保護をもらっているらしい、家賃が払えなくなって、廃業して地方の実家に帰ったらしいとか、悲しい噂もちらほら。

売れない30代後半のイラストレーターが超大金持ちのおばあさんと結婚したりして、驚くこともあった。

このように、「なんとかならなかった自営業者」の例は事欠かないので、「備えてなかったのになんとかなっているラッキーな例」を取材したくなった。
しかし、なんとかなった例はかなり少なかった。マンガにさせていただいた佐竹さんはそのひとり。さらにあともうふたりのご家族から話を聞くことができた。

まず、愛知県の83歳の未亡人Kさん。長年夫とともに建築業を営んでいたが、夫に先立たれて20年。年金はスズメの涙。貯金ナシ。
何がうまくいってるって、シルバー人材センターの人気の仕事を60歳くらいからガッチリ確保していること。
その仕事とは近所の観光地（とある文化財）の休憩所でお茶を出しつつ、観光客とおしゃべりできる楽しいバイト。時給７００円で週3回勤務。原チャリでブーンと通っているらしい。息子の家に同居しているので家賃がただというのも暮らしがラクなポイント。
さらに埼玉県で鉄工所を営んでいる70代のYさんご夫婦。「超零細の鉄工所」と謙遜されるが、かなりの現金《キャッシュ》を持っている。「昔の人間で年金対策などはしていない」と、国民年金のみ。
工場を始めたころは工場も借地、家も借家。いまは１００坪超の立派な自宅を所有している。つまり一代でがっちり資産をつくった。

お子さんふたりを東京の大学に出し、学生時代は20万円の仕送りをしていたというからすごい。

バブル期に売り上げがかなりアップしたのだが、賢いYさんは決して調子に乗らなかった。

「融資をするので事業を大きくしませんか」「新しい機材を入れて設備投資しませんか」などなど、いろんな誘いがあったそうだが、「とにかく手堅く」がモットーで、すべて断ったそう。

というわけで事業上の借金はゼロ、住宅ローンも「利息を払うのが嫌だ！」と、超短期で返した。76歳のいまも細々と働いている。働くのが大好きで、体が動かなくなるまで働くだろう、とのこと。

なんてうらやましいんだ。

Yさんの場合は、「備えて」いなかったけど、「資産」を無駄遣いしなかったことで、いまもまったく困っていないということですね。

自営業は波があるけど、うまくいけば会社員以上に儲かるときもある。ただ、そこで調子に乗って事業拡大したりベンツに乗ったりすると、転落の可能性が大きくなるとのこと。

なるほど!!

4

病気と仕事

病気と仕事

ジャブ
ジャブ
え?
何してんのかって?
ジャブ
ジャブ
銭洗《ぜにあらい》弁天で
お金洗って
るんですよ
出版不況と
騒がれて久しい昨今
もれなく私も
その渦中におります
はるばる
鎌倉まで来たぜっ
私の職種は
イラストレーター
仕事も減り
年収も減った
こうなったら
金は洗って
増やすしか
ないでしょ!!
自分のせい
でもあるん
だけどね♥
ボト
ボト

……って
そんなカッコイイものでもなく……
ホラ よく雑誌や書籍なんかに
こんなのあるでしょ？ あれを描いているんです 25歳のときから
コラム
かたいのから やわらかいのまで
その昔 会社勤めもしましたが
デザイン事務所
ねーねー 社長ってホモなんだって？
ちがうよ
社長→
ソッコーで辞めました
そのあと ほかの会社に行ったりもしましたが
どーも 釈然としない……
今日は3人徹夜してねー
やだよ
それも そのはず なぜなら 私は——

家で仕事がしたかったのです
フン フン フーーン
ゴロ ゴロ
朝起きて顔洗って化粧して
洋服着て
電車に乗って出社する
おはよーーッス
好きな時間に起きて
気が向いたときに顔洗って
ずっとパジャマ
テレビ観ながら仕事
夢でしょ！
夢なら追いかけなくては
ファイル
ずっと絵の仕事したかったから
イラストで営業に行くか
いくつか雑誌を選び営業開始
イラスト見てくださーーい
ザッシ
あなたが何を描きたいかわからない
ナニコレ
うちは有名な人にしか頼まないからねーー
ホラこんな人とか
ねー
いろいろ玉砕

いちばん不愉快だったのはコイツだ
えー？なんでも仕事するの？
ふーーん
じゃーここ掃除してもらおうかな
なーんてウソヴッソー
赤の他人に対してこんなにも
死ねデブ
と思ったことはない
しかしこの経験のおかげで相当打たれ強くなったので
真白な灰になっても
仕事できるよ…
にも少しは感謝しとくか
営業のかいあって徐々に仕事も増えてきて
20日後〆切りで……
初仕事キターー嬉しい…
ドキドキドキ
かけだしのころは悪いクライアントにだまされもした
30万円未払いですー
プップップー
払って
25歳くらいでボチボチ食べられるようになってきました

それからというもの飛び込む依頼はどんどん受け
雑誌
多いときでレギュラー15～16本くらい
Baby
女性誌
占い
PC誌
男性誌
専門誌
書籍
金魚の飼い方
子供
健康
占い
いっぱい書いた
下品・かわいい学習系なんでもかいた
体験取材をまとめたり
寝るな！死ぬぞ！
ガタ
ガタ
6月売りの雑誌のスケジュールの取材を4月にする。水温14度
低体温症で眠気がくる
半ケツですねッ
オシリに毛とか生やしますか
大マジメ
仕事のあとはビール飲んで散らかった部屋で寝る……
バッタリ
風呂にも入らず眠らずでも大量に食いそして太る…
この仕事「肉体労働」じゃん
お金に無頓着すぎて口座の入金もろくに確認してなかったある日
どこそこ出版社が不渡りを出しました
ん？
事実上の倒産です
バラバラバラ
空撮のヘリの音

えーーーっ
ちょっ待てよっ
（キムタク風）
先月もここの仕事したぞ
えっえええーっ
ってかこれってテレビで知ること?!
とか言っているうちに
出版社の弁護士から届いたお手紙
あなたへの未払い150万円せ
キムタク風
マッジ!!
うっわっ
未払い分ですか?
あなたより先に払わなきゃいけないところがたくさんあるんですよ
子会社の連鎖倒産防がなきゃ
そんな……
ショーゲキを受ける……
気づかなかった自分が悪い…
こういうのってしつこく電話した人から順に払ってもらえるらしい。あとで知って二度ガックリ
それでも日々忙しく
40歳までは年収もソコソコをキープして
クソーーっ
150万円他で取り返す!!

それがずーっとずーっと
ふがー
続くと思っていた矢先
転ぶ
悪性です乳ガンです
全力で走っていたのにいきなり石につまずいたカンジ
ビュー…ッ
ゴッ
ビタン
ガンかよ
ホントに？
ホント

→8人くらいで輪になって抗がん剤治療を受ける病院だった

※毎月1500円掛け捨てで300万円もらえるがん保険。

心も体も休めて新たに次に向かおうと思ったのですが
イライラする〜っ
世界中みんな死ね〜
うるせーぞ
実際はホルモン治療の副作用でイライラとホットフラッシュに苦しむ日々
それでも気分のよいときは
本読んだり
マンガ読んだり
映画観たり
友人とお茶したり
ホットフラッシュ
買い物したり
散歩したり
食べ歩きしたり……
でも
なぜかすぐに飽きてしまった
あれ？
おかしいな？
仕事してたときはあんなに楽しかったのになんだかとってもつまらん…
やっぱり仕事の合間に遊ぶから楽しかったのか……
結局仕事してるのがいちばん自分に向いているのだと気づいてしまい
貧乏性か……
仕事しよ〜

……ってことで
1年弱で仕事復帰
するも……
あけまして
おめでとう
ございます
復帰しました！
ビビビビ
ビビビビ
無差別に
年賀状を出す
仕事が
こない
「年賀状なんて
見ないよ」と
あとで教えられて
ガッカリ…
ぎゅっ
そうか……そりゃそうだ
わかってたじゃん
この仕事って
1年も休んだら
カンタンに忘れられる
仕事なんだってば
だからいままで
どんなに忙しくても
断らずに
受けてきたんじゃんっ
ぎゅーっ
イデデデ
なんでこんな
当たり前のこと
忘れてたんだ
私!!
バカアホマヌケ
カス!!
病気でショック
受けたのか
がーん

そうそう
そういえば
私には目標があったんです！
それは
細く長く
仕事を
続けること
「細く長く」は
母の教え!!
どうよ
名前を
売りたいとか
絵を売りたい
とか
そんな野心は
まったく
ない！
今回の
〆切りは
いつ
だっけ
あるのは
「年をとっても
ずっとこの仕事を
していたい」だけ
そのためには――そう
職人に
なるのだ
あらよっ
職人になるために
どんなむずかしい
注文も受ける
かわいすぎる
子ブタちゃんの
イラストを！
ハイ
仕事
細く長く……
ヘンタイをかいて
ハイ
仕事
オシャレに
かいてください
オシャレに
オシャレに
オシャレに
mail
スミマセン
かけません…
細く長く……

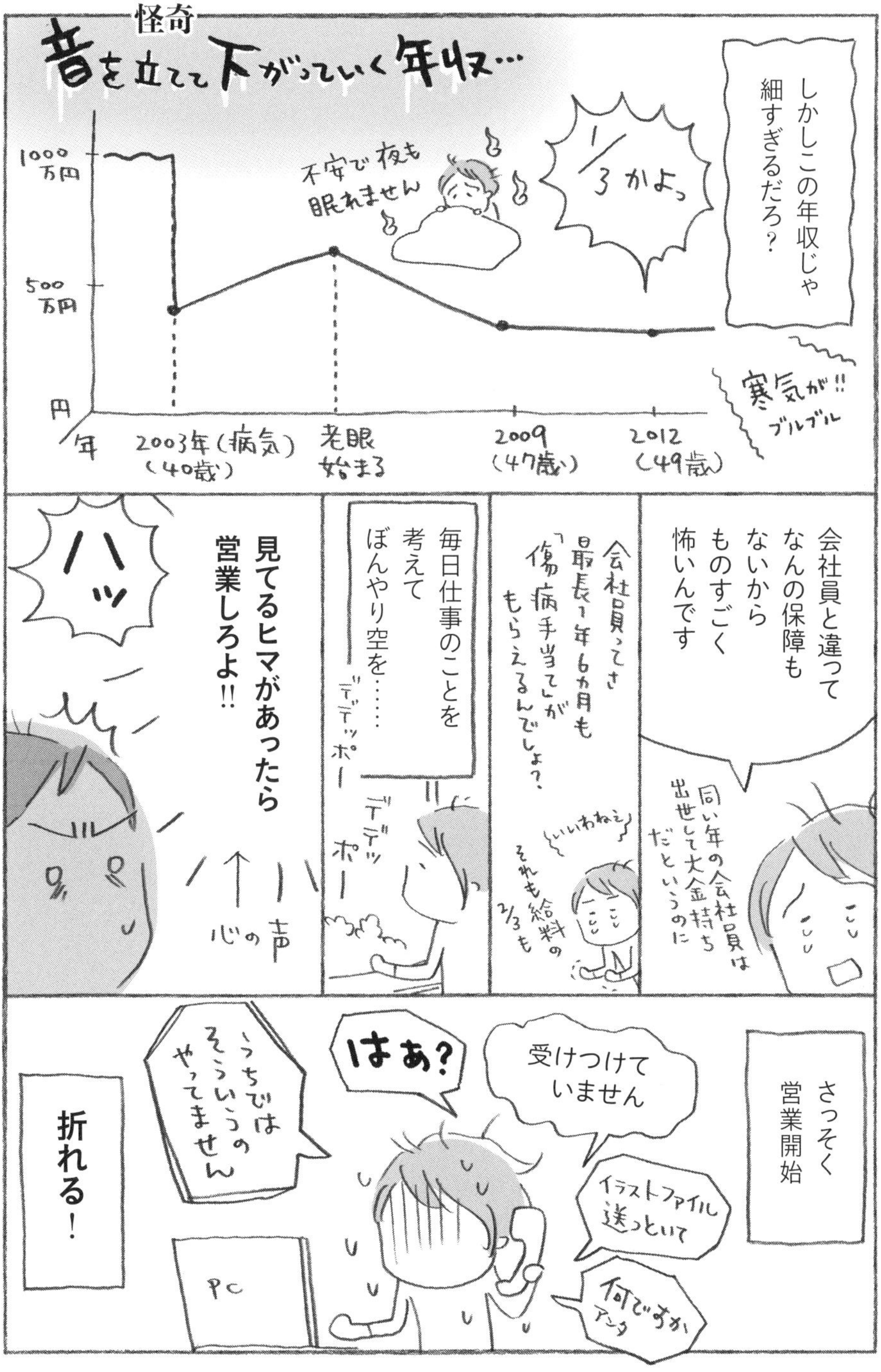

音《怪奇》を立てて下がっていく年収…
しかしこの年収じゃ細すぎるだろ？
1/3かよっ
不安で夜も眠れません
1000万円
500万円
円
年
2003年（病気）（40歳）
老眼始まる
2009（47歳）
2012（49歳）
寒気が!!
ブルブル
会社員と違ってなんの保障もないからものすごく怖いんです
同い年の会社員は出世して大金持ちだというのに
会社員ってさ最長1年6カ月も「傷病手当て」がもらえるんでしょ？
いいわねえ
それも給料の2/3も
毎日仕事のことを考えてぼんやり空を……
デデッポー
デデッポー
見てるヒマがあったら営業しろよ!!
心の声
ハッ
さっそく営業開始
受けつけていません
イラストファイル送っといて
何ですかアンタ
はあ？
うちではそういうのやってません
PC
折れる！

イラストやマンガの
斡旋サイトや
うっ うっ うっ
PCで内職の
サイトにも登録した
そして気がつけば
ゲーッ
ATM
銀行のお金も
すごく減ってた
ポストを見ても
見本誌も献本も
届かない
ポロ
宗教に入りませんか
メールを
チェックしても
仕事の依頼は
ない
ヤホー
アマゾン
迷惑
迷惑
金もない
仕事もない
知恵もない
あるのは
脂肪ばかり……
キミマロか
ヤバイ

もう
こうしちゃおれん
ズドドド
仕事ください〜
どうしたんですか
知り合いの編集者さんに仕事をもらい
その後神社へ
ガラ
ガラ
ガラ
バン
バン
神だのみ！
それからなんとか仕事が回りだしました
そのころ50歳
年収は3分の1になる
——さて
ヤレヤレ
コキ
コキ
病気して入院して仕事も休んでそれでもなんとかなると思っていた自分のマヌケさを痛感した10年間でした
マズイと思ったときにすぐに営業に行っていればといまも後悔しています

ほら、自転車って一度止まるとまた漕ぎ出すのに力がいるじゃないですか
ムッ
ガッ
自営業ってそれと同じだと思うんです
一度止まっちゃうと
走り出したくてもすぐには進まないしスピードも出ない
よっ
ゆっくりでも車輪をまわし続けてると
リン
リーン
いつでもスピードを上げることができる
ゴオオオオオオオオ
どんなときも車輪を動かし続けることが
自営業のいちばんのコツなんだと痛感しました
自転車操業とはよく言ったものよ
→意味違うけど

5

年金の専門家
田中先生に会いに行く

——そして年金!!
さて
老後頼りになる
ものといえば
年金
……ですが
年金払わないのは
アホバカマヌケって
ことですよ
コツコツと積み立て育て
老後に収穫する
収穫が多いか少ないかは
肥料のやり方次第
年金
年金の種
——しかしなかには
ビタ一文
年金をもらえない
人がいます
かくいう私も
そのひとり……
なぜか
あれ？
植木鉢に
種が入ってないよ？
これじゃ肥料も
やれないよ？

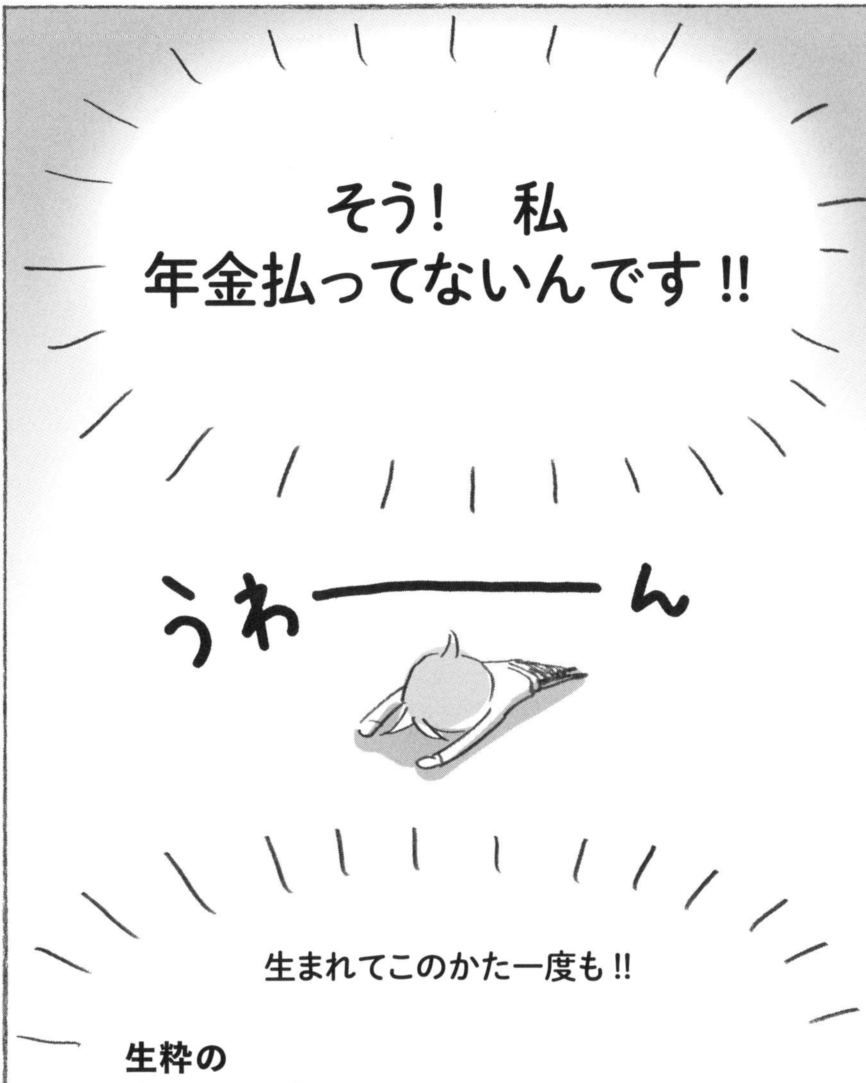
そう！　私
年金払ってないんです!!
うわ――――ん
生まれてこのかた一度も!!
生粋の
年金未納者なんです！

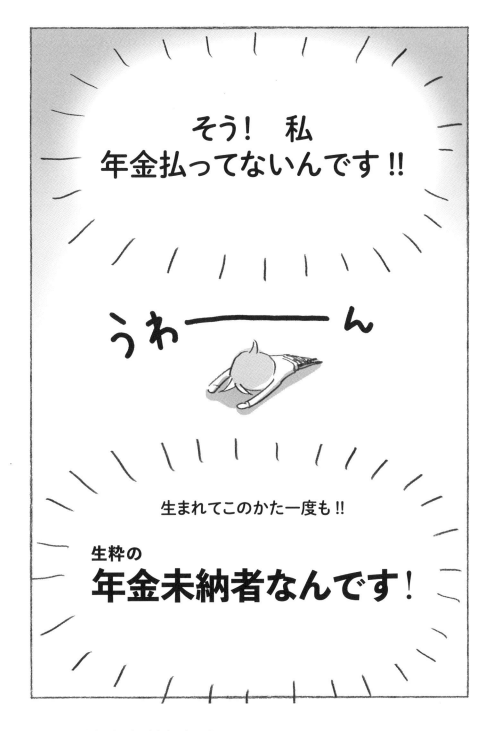

理由？
メンドーくさかったからですよ
役所ってメンドーじゃないですか
しかも仕事がソコソコまわっていたので
このままこの調子でいけば老後も稼げるかも!!
老人になったら老人の雑誌にかかせてもらえるかも!!
――って錯覚しちゃったんです……
そんなうまいハナシないよ!!
あのときの私のバカバカ
そのうえ乳がんになり
ま、いつかどーせ早死にするだろう
――とますます払う気がなくなった

でも最近思うんですよ
……私もしかして
（うっかり）長生きしてしまうかもしれない!!
病後に年もたったし
わあああっ
（うっかり）長生きしてドビンボーだったら
きっと毎日毎日苦しい
苦しくて死にたいのにピンピンしてるんだ
悲惨すぎる!!
未来予想図
なぜ老後のために払ってこなかったのか
おまえ…
うまそうじゃのう
ポッポー
年金って25年払わなきゃもらえないじゃないかっ
いまさら加入してどうするよっ
そんな死に金払ってたまるかっ
下品でゴメンネ

カラ
カラ
カラ
神様……
パンッ
パンッ
どうか75歳で
死にますように……
加入している
個人年金の給付が
75歳で終わるから
スーーッ
？
イヤイヤ
大丈夫
50代なら
まだ救えるよ
ガラ
かっ
神様!?
田中
です

この田中先生は
……そうもちろん
神様などではなく
年金専門家で
年金は日々
変わるから
大変なのよ
なんと！
愛人生活を送ってきた
女性たちをも救う
年金のエキスパート
なのです
なんだ
なんだ
まかせ
なさい！
先生ー助けてー!!
愛人にだって
老後はあるのよーっ
年金には
「国民年金」と
「厚生年金」の
ふたつがあります
これからは
一緒にな！
すっげー
ヤなんだけど
以前は公務員への
共済年金も
ありましたが
平成27年10月に
厚生年金に
統一されました
厚生
年金
共済
年金
ふーん
国民
年金

この共済年金が
実に優遇されていて
不公平だった
米がなければ
ステーキを
食べれば
いいじゃない
いただき
まーすっ
いまだ！
チュン
チュン
チチ
共済年金
（職域部分です）
厚生年金
厚生年金
国民年金
国民年金
国民年金
自営業
会社員
公務員
言うまでもなく
自営業者の
国民年金は
1階建てで
超少ない！
ひどくね？
しかも！
国民年金も
厚生年金も
減らされたのに
これまで一銭も
減らされなかった
共済年金！
公務員
政治家
許せない！
共済
厚生
国民

※自営業者らの国民年金の場合

私の実感だと1クラスが50人だとして1割くらいが無年金者
しかもみんな自営業なんだよ
キャーーッ
ホラーーッ
イャーーッ
余談だけど社労士は税理士より先に危ない会社を見抜けるって知ってる？
ハアハア先生やめて
ははは
厚生年金は、会社の義務だから
納付率 100%
払えなくなった会社は
経営状態が悪いってわけ
すみません 厚生年金 払えません
会社
経営がヤバくて払えない
おっ この会社 アブないな
社労士事務所
さて 自営業者は、まずいちばんに
税法を知らねば
ならないぞ
税に無知な人が無年金なんですよ
だって国民年金は節税にもなるんですよ！老後はもちろん**いま**も助かる！
利息所得税
事業所得
当所得

んーでも節税ってなんかめんどくさくて
ポン
無知
オマヌケ
あなた確定申告してるんでしょ?
え?
その「控除」の項目にあったでしょ?「年金」って
え?
見てなかったの?
なんで?
いまどこに住んでるの? 杉並区?
だったらいますぐ杉並区役所に行きなさい
4月中に行きなさい!
今日は4月28日あ30日休みじゃない
明日行きなさい
えっ
あ
わああああたすけてっ
だって5月になったら1カ月遅れちゃうよ
いい?
行くのは国民年金課*お金は金融機関から振り込むんだよ!
4月
カレンダー
12

※年金事務所でもOK

＊平成30年9月まで。未納者は急げ

国民年金（老齢基礎年金）目安表

（平成 29 年 4 月～）

年数 ＼ 生年月日		S13.4.2 ～ S14.4.1	S14.4.2 ～ S15.4.1	S15.4.2 ～ S16.4.1	S16.4.2 ～ S17.4.1	S17.4.2 生まれ以降
保険納付年数	1 年	21,062	20,508	19,982	19,483	19,483
	5 年	105,311	102,540	99,910	97,413	97,413
	10 年	210,622	205,079	199,821	194,825	194,825
	20 年	421,243	410,158	399,641	389,650	389,650
	30 年	631,865	615,237	599,462	584,475	584,475
	34 年	716,114	697,268	679,390	652,405	662,405
	35 年	737,176	717,776	699,372	681,888	681,888
	36 年	758,238	738,284	719,354	701,370	701,370
	37 年	779,300	758,792	739,336	720,853	720,853
	38 年	—	779,300	759,318	740,335	740,335
	39 年	—	—	779,300	759,818	759,818
	40 年	—	—	—	779,300	779,300

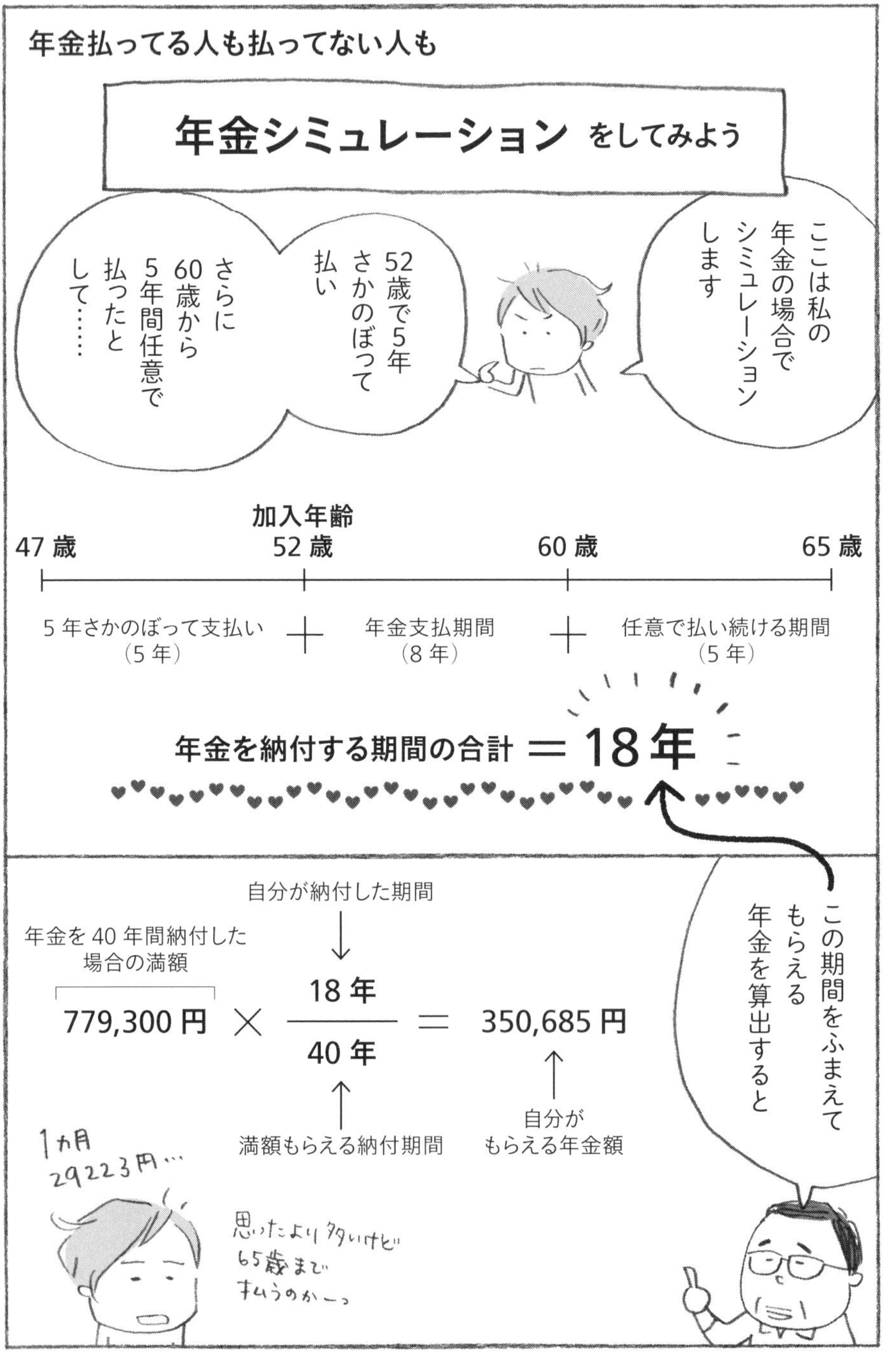

←平成29年度の年金額で計算

※本来65歳から受け取れる年金を60～65歳のあいだに繰り上げて受け取る

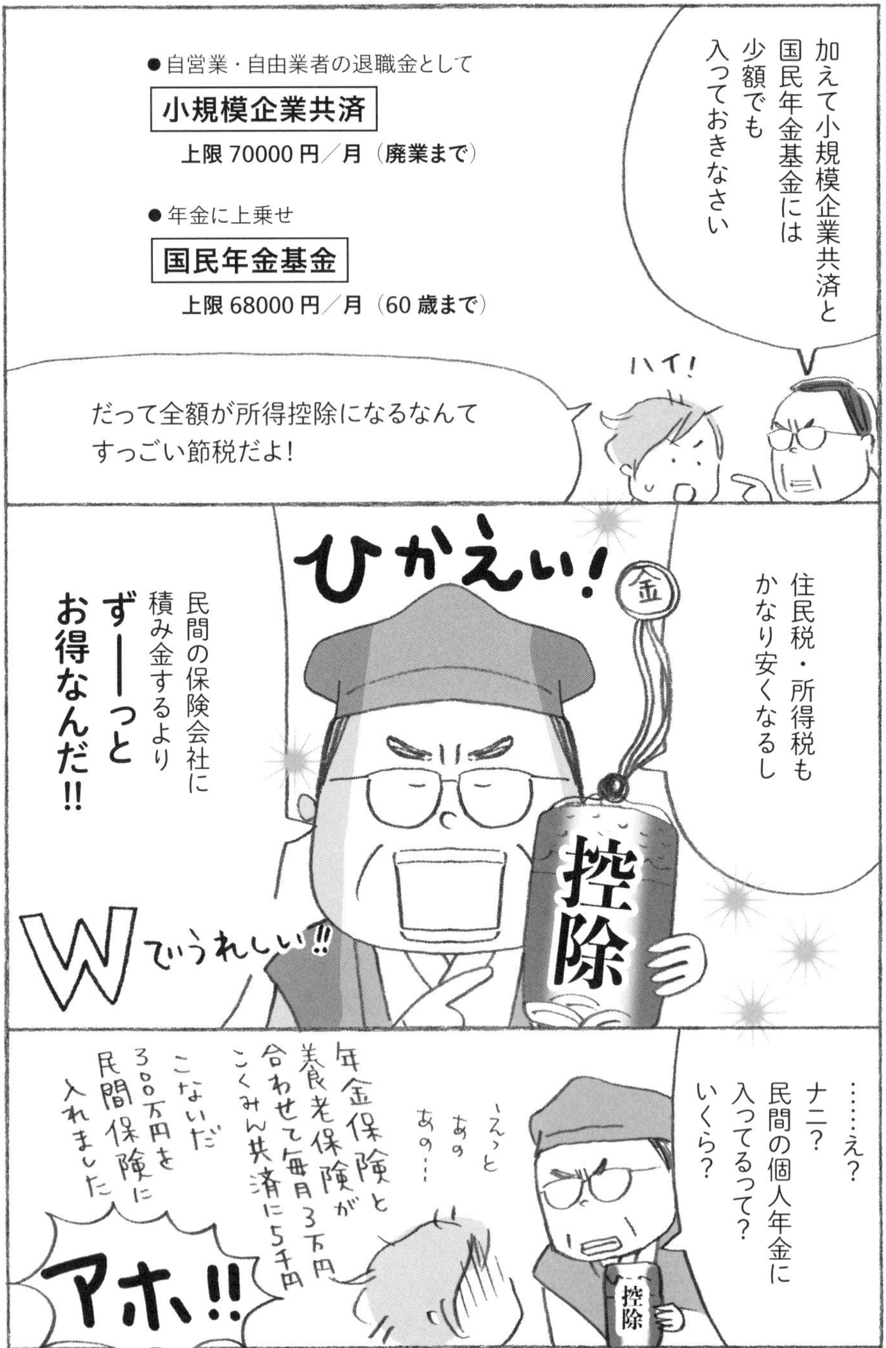

※国民年金基金の掛け金は、確定拠出年金と「あわせて6万8000円」まで

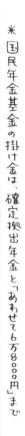

民間の年金保険だの養老保険だのすぐ解約して小規模企業共済と国民年金基金に入りなさいっ
えー！
でもいま解約すると元本割れしちゃいますよヤダなー
セコイ!!
損して得とれ!!
じゃ明日国民年金に加入してその足で小規模企業共済と国民年金基金に加入の手続きしなさいね
年収証明になる確定申告の控えを持って行けばいいから
よし!! これでカンペキ!! またひとり救ったぞ
あの あの
え？ ナニ？
ゴニョ ゴニョ
え？
まだ確定申告してないの!!??
スミマセン！
2016年4月28日現在

なんで!? 延滞税 とられるじゃん!!
いくら とられるっけ
事務所に来ていた 銀行員さん
これ くらいですね
延滞税 14・6%だよ! サラ金より ひどいよ!!
そんなに! ガーン
すぐに 確定申告して! すぐにだよ
わかった!?
え〜ん え〜ん すみません〜〜〜
もう 私のこと 死刑にして ください〜
——と自分の無知を 痛いほど 噛みしめましたが おかげで老後の ための第一歩が 踏み出せました
ありがとうございます 田中先生
自営業 自由業に 必要なもの ——それは 「税法の知識」ね
お前が言うな
この本読んで勉強してね
宣伝くらいしなきゃ やってらんないよ
うち帰って寝込んだ
田中先生著 「10分でわかる得する年金のもらい方」

コラム4

何がなんでも支払うべき国民年金保険料！

死ぬまでもらえる安心感！

自営業者って、年金未納になりがちです。会社員なら、社会保険料は会社が手続きして給料天引きで自動的に支払われますが、自営業者は国民年金保険料、健康保険料などを自分で支払わなければなりません。

そもそも、国民年金保険料の納付は義務なので、払わないといけないもの。というより、**「ぜひ払わせてください！」**というくらい、お得なシステムなんです。

マンガにあったように、国民年金の最大のメリットは終身年金であるということ。つまり、生きているかぎり年金をもらえます。いまや日本人の平均寿命は男性80歳超、女性86歳超（厚生労働省「簡易生命表」２０１５年）。平均より多少長生きすれば、90歳、１００歳まで生きてしまうかもしれないんです！

田中先生もおっしゃるように、民間の個人年金保険は、受取期間が決まっている確定年金がほとんど。民間の終身年金は保険料が高額だし、保険会社の破たんというリスクもあります。国のシステムで一生もらえる公的年金は、やっぱり安心です。

障害や死亡のときの大きな保障

それだけではありません。

国民年金は支給年齢に到達したらもらえる「老齢基礎年金」のほか、障害を負ったときに支給される「障害基礎年金」と、死亡したとき残された家族に支給される「遺族基礎年金」という、2大ビッグ保障までついています。民間の保険に、これほど手厚いものはありません。絶対に。

もちろん支払った保険料は全額社会保険料控除扱いとなり、所得控除が受けられます。

いくらもらえる？ 障害基礎年金と遺族基礎年金

2017年度

遺族基礎年金　加入者が死亡したとき、子のある配偶者と子（18歳の年度末まで）に支給される

	基本額	子の加算	支給額
配偶者＋子1人	779,300円	224,500円	1,003,800円
配偶者＋子2人		449,000円	1,228,300円
配偶者＋子3人		523,800円	1,303,100円

納付要件：加入期間の3分の2以上の期間について、保険料が納付もしくは免除されていること。ただし2026年4月1日前の場合、65歳未満で死亡月の前々月までの1年間保険料の滞納がなければ受給できる。

障害基礎年金　加入者が障害（1級もしくは2級）を負ったとき、支給される

	基本額	子の加算	支給額
本人のみ	779,300円 ※1級の場合は ×1.25 974,125円	なし	779,300円 ※974,125円
本人＋子1人		224,500円	1,003,800円 ※1,198,625円
本人＋子2人		449,000円	1,228,300円 ※1,423,125円
本人＋子3人		523,800円	1,303,100円 ※1,497,925円

納付要件：初診日の前々月までの加入期間の3分の2以上の期間について、保険料が納付もしくは免除されていること。もしくは初診日において65歳未満で初診日の前々月までの1年間に保険料の未納がないこと。

国民年金は「払い損」じゃない

よく「年金は払い損になる」と聞きますよね。たしかに日本の少子高齢化を考えると、不安になってきます。では、本当に払い損になるのか、計算してみましょう。

国民年金保険料は月額1万6260円。12ヵ月分×40年で、トータルの納付額は780万4800円です。

老齢基礎年金の支給は65歳からで、40年納付した場合の受給額は年間77万9300円（2017年度）。

トータルの納付額を年間受給額で割ると、780万4800円÷77万9300円＝約10。……あら、約10年（75歳）で元がとれるではないですか。

平均まで生きれば、男性で5年分、女性で16年分お得です。未納期間があればそのぶん受給額は減りますが、損益分岐点はやはり10年程度です。

「払い損」になりやすいのは会社員が加入する厚生年金であって、自営業者が加入する国

民年金（基礎年金）は「払い得」になる可能性が大（ただし厚生年金は労使折半なので会社員も実質的には払い得になりやすい）。その証拠に、国民年金制度を維持するためには、たくさんの税金が投入されているんです。

経済的理由などでどうしても払えない場合は、免除制度や分割納付制度もあります。

ダメなのは上田さんのように「国民年金を払わず民間の個人年金保険に加入（10章参照）」というパターン。いやいや、もったいなーい！国民年金こそ払わなきゃ損！です。（山崎潤子）

6

年金、払いに行ったよ！

年金払ったよ!! の巻
年金未納者のみなさん
いまさら年金に加入しに行くの正直イヤじゃないですか?
杉並区役所
あきれられたり
バカじゃね?って思われたり
ケーベツされたり
ホントにイヤだよ
できることならこのままフタをしてソッとしておきたい……
ソ…
この人年金払ってませんよ
でも老後の不安もある
老後破産
ズルズル
重い…

年金なんて どうせちょっとしか もらえないじゃん ——と自分に言い聞かせつつ……
年金もらえるか不安だよねー
ねー
年々支払い金額も上がってるし
まわりにナイショにしているこの居心地の悪さ——
「ねーじゃねーよ」
えへ♥
そして罪悪感……
年金払ってないんですか…
夫の両親（教師）
ハイ……
スミマセン……
ホントに……
バラすなよっ
それも今日でオシマイ……
年金課 2F
晴れて私も年金加入者です！

ハイ
年金課です
はずかしいのは一度きり……
ね
……んきんに加入したいんですけど……
あ 加入ですね
おっ
いま驚いた？
驚いたよね！
へ――っと思ったよね
ではこの書類を…
ひくっ
ごめんね いまごろでっ
しかしイヤミも言われずたんたんとコトは進む
加入する側だからか
障害年金ももらえるんですか？
ハイ
………

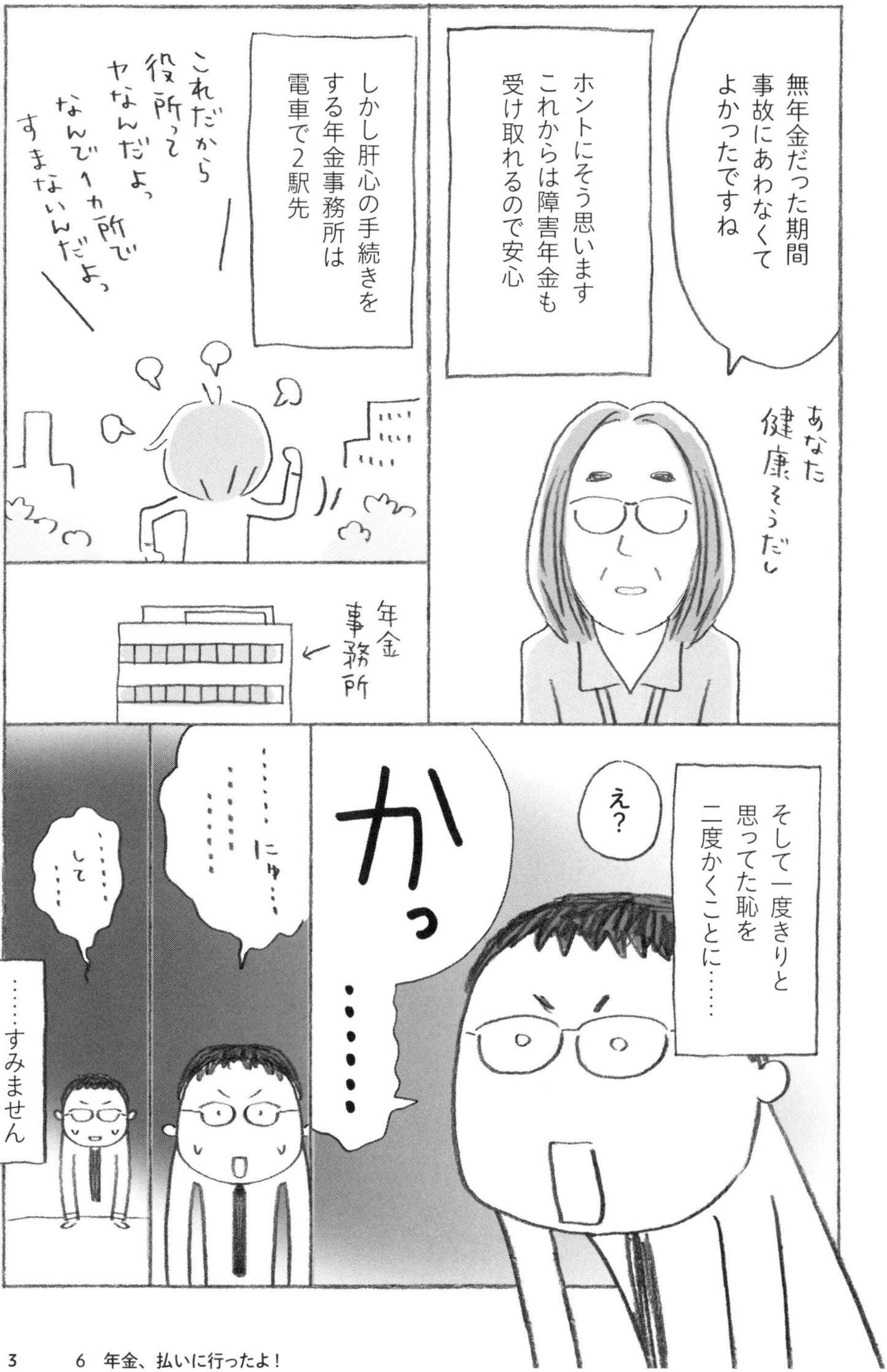
無年金だった期間
事故にあわなくて
よかったですね
ホントにそう思います
これからは障害年金も
受け取れるので安心
あなた健康そうだし
しかし肝心の手続きを
する年金事務所は
電車で2駅先
これだから役所ってヤなんだよっ
なんで1カ所ですまないんだよっ
年金事務所
そして一度きりと
思ってた恥を
二度かくことに……
え?
かっ……
……にゅ……
……して……
……すみません

この「驚かれる」というハードルを越えると手続きはスムーズに続きます
いまなら5年さかのぼって払えますよ
年金は1年分まとめて払うとおトクです
そして銀行で年金お支払い！
過去５年分さかのぼって880,390円なり
¥10000
どうよっ
ついでに小規模企業共済にも加入する
ここ記入して
ここハンコ
この手続きを自分でやるのがメンドーなら金融機関の窓口にかけこんでＯＫ
手続き指導してくれます

これで終了
はーーっ
スッキリ
しだっ
のびー
年金払おうかどうしようか迷っているみなさん
役所って案外親切ですよ
窓口行っちゃえばなんとかなっちゃう
窓口に丸投げだし
これで老後の不安が全部解消されたワケではありませんが気はラクになりました
手続きってやってみると「こんなもん」なのにやるまでがメンドくさいのよね
やっと大手を振って歩けるってモンですよ

一生もらえる年金を増やせる「国民年金基金」

所得控除で税金が軽減！

会社員には2階建ての厚生年金がありますが、自営業者には平屋の国民年金しかありません。厚生年金の平均受給額は15万円ほどですが、国民年金は満額でも月6万5000円程度（上田さんの場合、満額ではないのでさらに少ない）。当然、これだけでは暮らしていけませんよね。自営業者の老後対策としては、確定拠出年金や小規模共済のほか、「**国民年金基金**」というものがあります。

国民年金基金は会社員と自営業者の年金額の差を解消するため、１９９１年に創設された任意加入の公的年金制度。都道府県別の「地域型」と職種別の「職能型」があります。職能型は加入できる職種に制限があるので、イラストレーターの上田さんが加入するなら、地域型ですね（※）。

国民年金基金は、終身年金のA型、B型どちらかに加入するのが基本。2口目からはA型、B型あるいは一定期間もらえる確定年金のI型〜V型を組み合わせてカスタマイズ可能。口数を増やせば掛け金も上がりますが、もらえる年金額も増えるという仕組み。掛け金や受給額は加入年齢（払込期間）によって変わります。もちろん掛け金は全額所得控除で節税になります。

※地域型の国民年金基金に加入した人が他都道府県へ引っ越した場合は、いったん加入資格を喪失して脱退となり、引っ越し先の国民年金基金に新たに加入する必要がある。以前の掛け金を一時金として受け取ることはできないが、65歳以降の年金に反映される。

長生きすれば得になるが……

ただし、国民年金基金にはデメリットもあります。近年は掛け金が値上げされ、予定利率が下がっていること（財務状況が芳しくない）。物価スライド制でなくインフレに対応できないこと。一定の理由なく途中で脱退できないこと。さらに、受給金額が掛け金を上回るのに時間がかかる（20年程度）ことなど。

また、掛け金の上限は確定拠出年金とあわせて6万8000円です。いまから加入するなら、確定拠出年金や小規模企業共済のほうがおすすめといえるかもしれませんね。

国民年金基金は、「長生きしそうだから、ずっともらえる終身年金を増やしたい！」という人におすすめといえるでしょう。

月400円で年金増額！

気軽にちょこっとだけ年金を増やす手もあります。それが「付加保険料」。利用できるのは自営業者含む国民年金第1号被保険者のみ。掛け金は月額たった400円で、増える年金額は「200円×付加保険料納付月数」。2年で元がとれます。仮に40年納付すれば、年金額が96000円（月8000円）増加、10年納付でも24000円（月2000円）増加します（一生涯）。国民年金基金との併用は不可なのでご注意を！（山崎潤子）

7

自営業だけど家を買う

自営業だけど家を買う

老後の生活を考えるとやはり持ち家は必要……
お金もない老人に世間は部屋なんて貸してくれないよ
アパート
とはいえ自営業は家が買いにくい
不動産屋
家ひとつくれー
そりゃそうだ収入だって安定してないし
明日には廃業してるかもしれない信用ならん
不動産屋
あっちいけっ

私たち夫婦は
ふたりとも自営業者
（夫は専門学校の講師もしているが）
でも買えた
なぜか
もともとは
ふっるーい借家に
住んでいました
ゴッ
ゴッ
3DK
家賃 135,000 円
杉並区
ジメジメした
庭がついていて
そこにはミミズ・
ナメクジ・コウガイビル
なんでも出た
ヌルヌル
ヌル
ヌル
極めつけはお風呂場に
シロアリ大量発生！
ギえええええええええ
プシュー
虫コロリ
当時38歳
この年でこんな家に
住んでていいのか！
お前よく
その中
入れるな
ジャリ
ジャリ
白アリの
死がい

↑オリンピックでジョコビッチが 141 位の選手に初戦敗退した感じ

えー
そりゃすんごい
番狂わせな……
そんなこと――
そんなこと
あるんだ
それはまるで
ヘレン・ケラー
のような
ウォ
ウォ
ひらめき！
ウォーター
ジョボ
ジョボ
ジョボ
ねえ
家買わ
ない？
へっ？
世の中には
思いもよらない
出来事が
あるのだ
その番狂わせが
よい方向に
向くことだって
あるかもしれない

そして
その夜
不動産屋に
資料請求（1日目）
これどお？
いいね
家Net!
次の日に不動産屋から
電話あり（2日目）
「家見に行きませんか？」だって
行く—
行く—
その次の日に
不動産屋が
車でお迎え（3日目）
さわやか〜〜な
オニーサン
ささ
5軒
見せられる
階段が急だったり
壁の塗料で目がチカチカしたり
大きな道路のそばだったり…
どの家も自信があります—
……で、どれにしますか？
ここで即決を求めるか！
不動産屋オソロシイ！
考えさせてください
何言ってんのこの人—

とは言ったものの
実は5軒目に見た家が
少し気になってました
1階が6・6・7畳
2階が16畳のLDKと8畳
仕事部屋込みの家としては
十分!!
予算オーバーだけど…
――しかしこの家は
窓の外が全部
隣の家の外壁!!
これはないな
ない!
5棟建て売りの
この場所で
窓はほぼ
ふさがっている
道路
A
B
C
隣の家
こちらは1千万
くらい
値引きしてまして
6780万円が
5780万円
になってます
なんでっ
1年間
売れません
でした
セール!?
四方が壁に
かこまれてるのに
その値段じゃ
売れないよ
家にも
セールって
あるんだ…
お買い得
ですよ
しかしやはり
気になる物件

そして
また次の日
RRRR
ケータイ
あのセールの家ですが
ほかにもほしいという方が
いらして……
どうなさい
ますか？
ええっ
そんなっ
買いますっ
予算オーバーだけどっ
見事にだまされる
買うよ!!
そして
5日後
家を
買ってた
おめでとう
ございます！
いいのか
これで…
あ
ほかの家も
見てみます？
A
B
C
いいの？
見る
見る
そしてこの家を
見てみたら
A
B
C
サン
サン
これは!!

窓の外は空!!
値段も100万円しか変わらない…
5880万円（やっぱりセール中）
やられた!!
さわやかな顔して
腹黒いヤツめっ
絶望
悲しみのあまり帰り道に台湾料理の居酒屋さんに入る
ずいぼう
ヤケ酒
家買ったのにちっとも嬉しくないよ…
ドシタの？顔色悪いヨ
実は…
ナニ!!
ソレゴネる
アナタソレ買う一生《イショー》コーカイするヨ！
ゴネるよ!!変えてくれるネ!!
台湾人のママ
そんなことできるのかしら

アタリマエーーーッ
コッチお客ヨ!!
ゴネる!!
カエる!!
トウゼンよ!!
確かに……
一生の買い物に
妥協は禁物！
ゴネるかっ
ゴネるトキ
ゴネれば
ゴネよう
ゴネる
（6日目）
泣き落とし風
家変えて
ほしいんです～
さんのお力を
お借りしたい
んですよ～
もっと
イケッ
イケッ
ゴネてなんとか
なるんなら
ナンボでもゴネる！
アッタリマえーー
OK～～
やったーっ

かくして
レノックス・ルイスが
負けた7日後
窓から空が見える
家の契約に
こぎつける
ヨカタネ！
ゴネる！
相手ひく！
ゴネる！
ありがとう
ございました！
あの日 この店に
入らなかったらと
思うと…
足むけて寝られません
しかし
信用のない
フリーランス
ここからが
長いので
あった
あとは
銀行がお金
貸してくれるか
だねー
あー
ヤレ
ヤレ
もしローン
返せなかったら
どうしよう
売りゃー
いーのよ
女のほうが
気楽に考えるのかも

8

自営業者の住宅ローン

自営業　ローンを組む

――っつーワケで
いよいよローンを
組みます
そうカンタンに金が借りられるとでも…思ってる？あーん？
社会的地位も
名声も信用もない
ごく一般の自営業者が
どうやってローンを
組むかというと
ひとつは
お金
頭金に
ゆきち
2000万人
動員！
もう サイフ
スッカラカン
はい
回収
BANK
10000
2000万円
行ってこい ゆきち！
そしていつかもどってこい！

3年分の年収証明書の提出（確定申告の控えなど）
ちゃんと働いてるよっ
確定申告
ていっ
そして仕事の継続期間と年収の確認
自営歴13年
男性の方は学校の講師もしていて
当時は「フラット35」などなかった
講師歴は2年目……と
まぁいいでしょう
ゴク…
どこそこ学校
実は週に2回しか通っていないのはナイショだ！
でも困ったことがひとつあります
あなたたちまだ未入籍ですよね
そうよ？
悪いの？
何かモンクでも？
そう

私たちはまだ入籍してなかったのです
入籍しようとした年に父が倒れノビノビになってました
バタ
脳梗塞
入籍すること
それがローンを組む条件です
な なんで?
夫婦ふたりでローンを組んでほしいから
「連帯債務」といって
夫婦が半分ずつ権利を持ちローンもそれぞれが負担します
しかし これは ふたりとも ローン控除が 受けられるという メリットもあり
なんと!!
だから籍を入れてほしいんですよ
私たちの結婚のタイミングが
共に背負おう大金を
借金とは!!

わ……
わかりました
なんてこったい…
それでは
ローン審査に
1週間ほど
かかりますので
(2001年当時)
結果が出たら
ご連絡しますね
——しかし
10日経ち
まだかな
まだかな
2週間経ち
3週間目
こりゃ
ダメかもな
あーあ
ダメか——
ちぇーっ
期待してソンした——
そりゃ確かに
ボロッチイ
借家に住んでいるし
カァー
パジャマ着て仕事して
昼間から
ビール飲んだりしてるけど
もうすでに
社会人失格

ちゃんと仕事してるし
〆切り守ってるし
ソコソコ
稼いでるつもりだったし
頭金には
ゆきち2000万人も
動員して
それでもダメとは
会社員だったら
私たちよりうんと若くても
年収が低くても
頭金ナシで
家が買えるのに……
ねたみ
そねみ
グチ
ゆきち！
天は人の上に人を作ったじゃないかっ
どう弁明してもらおうかっ
知らねーよ
ああ!?
サラリーマンのキミ！
今なら頭金ナシ!!
20代で家を買おう！
チラシ〜
ハッ
待てよ！　あのモー娘。で
1000億万長者のつんく様でさえ
カード作れないんスよ
って言ってたな
（2001年当時のおぼろ気な記憶）
つんく様でさえ
カード作れないんだから
私たちが家を
買えるハズもないか
ふっ
自営業って
ホントに
信用ないのね
つんくは現金で豪邸買うと思うよ

——とかモヤモヤしているうちに
RRR
ハイ
ふ・ど・う・さ・ん・や
きた
ハイ！ハイ！
OK
買えた
買えた
ハイタッチ
ウソみたい
マイム
マイム
やった
長かったこの1カ月
ハラハラした～
そしてついに本契約
銀行からの融資は……
残念…
ほぼ落ちました
えええ
落選

しかし我々もがんばってねばった結果
一社だけ通りましたよ
あ…ありがとうございます
こんなに恩きせがましく言うほど大変だったのか…
あ●ひ銀行
そして本契約終了
夫の「講師」がよかったのかな
ただの「自営業」だけだったらローン通らなかった？
キビシー
土地・建物
5880万円
（セール物件）
頭金2000万円
借入額
それぞれ2300万円
返済期間35年
ボーナス払いナシ
家購入
建て売りだけど

このとき私が考えていたことは
これで老後は安心！
いざとなったら売ることもできるし
貸して家賃で暮らすこともできる
頭の中は金でイッパイ
虎の子ゲット！
ニヤリ
——である
なんだかんだで無年金が心に引っかかってたから
自分の分2300万円3年で返す！
10年の税額控除あるのにもったいないよ
安心感を得たかったんでしょうね
つか返せんのかよ
そして
税額控除など
どーでもいいからっ
自営業はガンガン返済すべきだと思ってます

なにせ収入が
不安定だし
いつのまにか
無収入っ
あっというまに
家を手離すことも
容易に想像できる
家がっ
競売
だって
ローン返済
できないでしょ
このあと病気して
早期返済を
あきらめましたが
結局13年で
ローン全額
返済しました
死なななそう
だったから
ローン完済の
スッキリ感って
すっごく
気持ちいい！
借金がない
パラダイス
老後も
住む場所が
ある！
登記
完了証
返せる人は
とっとと
返そうぜっ

——さて
私たちは
家を買うときに
なんの準備もなく
いきなり
買えたのですが
これって「節税」
してなかった
からなんです
これが表目に出た
確定申告
3年分
だらしないのが
役に立つとは…
ふつう自営業は
節税のために
自分の所得を
おさえてますよね
これだと
ローンを
組めません
貸しても
回収できないと
思われちゃう
所得
これっぽっち?
これで借金
しようっての?
ねえねえ
BANK
確定
申告
へーーーッ
勇気あるーっ
家を買う
3年前から
所得を上げて
準備してくださいね
世間は自営業にキビシイよ!
ボチボチ
所得
上げとくか
あと家を
買うときって
ちょっとした
「融通」や
「ラッキー」も
大事かも?

Aさん　元会社員の場合
夫がフリーライターで住宅を夫婦の「連帯債務」で買うことにしたんです
でもローンの審査中に私が会社辞めちゃったら
えーーっ
んーーっ
じゃまだ会社に勤めているってことにしてくださいねー
審査が通るまでオンビンに…
不動産業者
融通
Bさん　エステ経営者
私はローンを組む直前に会社を辞めちゃって
その後すぐ自営で収入も得ていたけど
これじゃローンも通りにくいのでローン申請時に
休職中扱いにしてください
オッケー
融通
私たちの場合
私たちにお金を貸してくれた銀行はほどなくして倒産しました
ツブれる直前にヤケになって投げ貸ししてたみたいよ
同じ銀行でローンを組んだ知り合い
だからうちらでも借りられたんだ!!
運も大事!

自営業者に厳しい！住宅ローン事情

稼ぎはよくても貸してくれない！

自営業者って、思った以上に住宅ローン審査が通りにくいんです。賃貸物件の審査に落ちることさえあります。会社員の方々より**たくさん稼いでいたとしても、審査が通らない**。それが実情です。

長期ローンを組むためには、将来にわたって安定した収入が得られるという信用が必要です。特に住宅ローンは借入金額が数千万単位、返済期間も数十年単位。固定給の会社員と違って、自営業者は収入も不安定、病気やケガで収入が途絶える可能性も大きい……ということで、**お金を貸すには不安のある相手**と思われてしまうわけですね。安定した会社員や公務員などに適用される優遇金利も期待できません。

法人化して長年安定した商売を続けているといった場合はともかく、ライター、イラストレーター、カメラマンといった**個人事業主は、特に厳しい**といえます。

え－－っ
お金貸してほしいの？
マジでー？
ホンキー？
BANK

審査に通るポイントは？

とはいえ、自営業者だって家を買いたい。ローンの審査に通りやすくするためには、いくつかのポイントがあります。

まずは基本中の基本。**頭金をたくさん貯めること！** 頭金が多ければ借入金額が少なくなりますから、当然審査に通りやすくなります。「3000万円は貸せないけど、2000万円なら貸せる」となるわけです。

上田さんの例にあったように、**所得を抑えすぎないこと**もポイント。住宅ローン審査では、金融機関が**3期分の確定申告書と納税証明書**の提出を求めてきます。自営業者の場合、必要経費を増やして節税するのが一般的ですが、所得金額を抑えすぎてしまうと、審査が通りにくくなる原因に。できれば確定申告書の所得金額（収入金額ではない）が借入金額の4分の1から5分の1くらいはほしいところ（2000万円借りるなら400～500万円、4000万円借りるなら800～1000万円）。上田さんのように過去3年間の所得が安定していれば、信用につながるというわけです（開業後3年未満ではそもそも厳しい。最低でも5年！）。

節税にムトンチャクだったのが
よかったのか
悪かったのか
家だけは買えた

夫婦の場合、どちらかが会社員なら強いでしょう。共働きなら**連帯債務**（夫婦ふたりで債務を負う）や**ペアローン**（夫婦別々にローンを組む）

という手も。お互い住宅ローン控除を受けられるメリットもあります。離婚するとめんどうかもしれませんが……。

ローンが通りやすいのはどこ？

そして重要なのが、金融機関。つまり、どこで借りるかです。A銀行の審査がダメだったからといって、B銀行もダメだとはかぎりません。

一般的に、住宅ローンの審査は金融機関（銀行）が直接おこなうわけではなく、**提携している保証会社**がおこないます。A銀行とC銀行が提携している保証会社が同じならどちらも同じ結果になるでしょうが、B銀行が違う保証会社と提携していれば、審査が通る可能性が出てくるわけです。ふだんお付き合いのある銀行があれば、そこで検討するのも手です。

自営業者でも審査が通りやすいといわれているのが、住宅金融支援機構と民間金融機関が提供する「**フラット35**」という全期間固定金利型の住宅ローン。変動金利型と比べれば金利は少々高めですが、そのあたりは割り切りましょう。

ほかの借金をしていないことも大切です。事業資金を借りている、カーローンを組んでいるといった場合、家を買うのはこれらを返済してからにしましょう。税金の滞納はもちろんご法度！

いずれにしても、自営業者が家を買うなら、2〜3年前から準備する必要があります。たとえ審査が通らなかったとしても、いまより頭金を貯める、所得を上げるといったことで通りやすくなります。

上田さんのケースでは、①当時しっかり稼いで、しっかり納税していた、②入籍して連帯債務にした、③ご主人が講師業もしていたなど、審査に通りやすい要因がありました。ここは見習いたいですね！（山崎潤子）

9

80代で
働くということ

テレビで
老人が元気マンマンで
働いている姿を見ると
すげー
うらやましぃ！
仲間と
定食屋を
していきます
バ̈バーの店
宝くじ
――と思う
あの
「お肌ツヤツヤ」が
生きるって
楽しぃ!!
ごはん
仲間に入れてくれ
――と
叫んでいる
気がする
働く＝楽しい？
働く＝生きがい？
働く＝ボケ防止？
私も
老後働いて
いたい!!
しかし実際
いつまで
働けるものなのか

老後働く
老後働くということはシアワセなことなのか
いらっしゃい
ついでにビールもください
もつ焼 山本
教えて「もつ焼山本」のおかあさん！
この日「山本」のおかあさんは
もつではなくイカを串に刺していた
イカはイカが？
その串をあやつる指先は健康そのもの！
御とし80歳！

このお店は60年やっているんですよね
そう
私は子どものころから客商売に興味があって
上京してからはずっと飲食店で働いていたんです
26歳で肉屋を営んでいたお父さんと
おめでとう
結婚
以来お父さんが亡くなるまで二人三脚でお店を2店舗経営してきました
渋谷の店
やきとり
(42歳のときに開店)
ひーっ
毎日行ったり来たり
中野区弥生町の店
肉
大変
大変
そして46歳のとき肉屋をいまの「もつ焼山本」に改装
近所にスーパーができちゃって

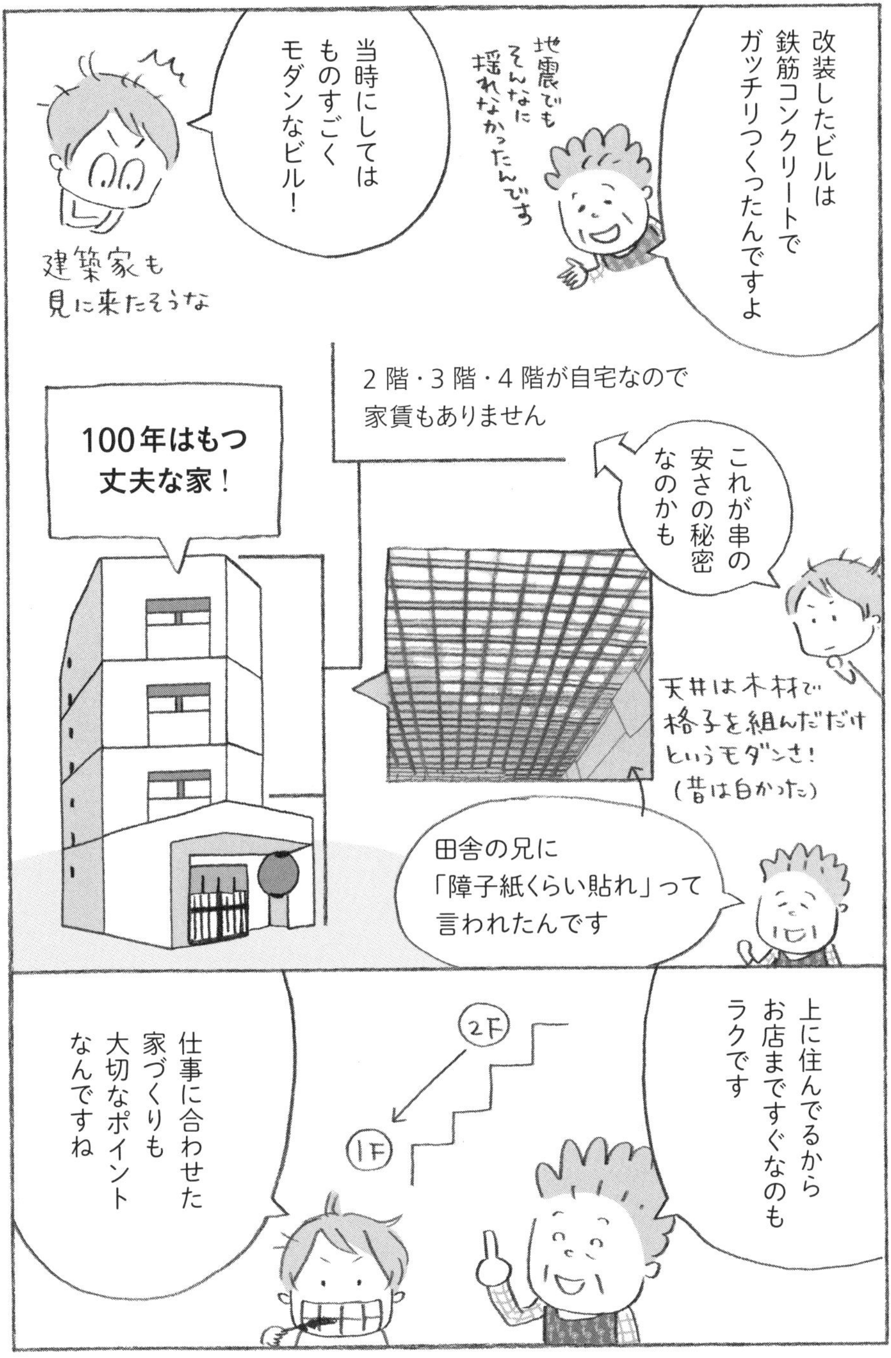

改装したビルは鉄筋コンクリートでガッチリつくったんですよ
地震でもそんなに揺れなかったんです
当時にしてはものすごくモダンなビル!
建築家も見に来たそうな
2階・3階・4階が自宅なので家賃もありません
これが串の安さの秘密なのかも
100年はもつ丈夫な家!
天井は木材で格子を組んだだけというモダンさ!(昔は白かった)
田舎の兄に「障子紙くらい貼れ」って言われたんです
上に住んでるからお店まですぐなのもラクです
2F
1F
仕事に合わせた家づくりも大切なポイントなんですね

おかあさんの毎日ってどんな感じ？

80歳にして この仕事量！
うちの父親なんか ソファーに座ったっきりで 置き物化してるのに…
ううん！
若いときに 比べると これくらい……
お店を 2軒切り盛りしていたときは とても大変でした
中野店
もつ焼
おかあさんと 息子で 経営
渋谷店
やきとり
お父さん 経営
夜中 1:00まで
17:30〜 19:00まで
睡眠時間も 短かったですよ
お肉屋さんのときは赤ちゃんを背負って お惣菜作り
なるほど……
あのころ 私は 若かった…
おかあさんが 80歳のいまも 元気に働けている 理由が わかった気がします

若いころから ずーっと 続けて働いてきた からこそ
20代
途切れる
働こうにも 働き方を 忘れた
老後も 働き続ける 体力と気力が あるんですね
80歳！
仕事は 積み重ねなんだ
当たり前のこと なのに いま気づいた
失礼ですが……おかあさんの年金っておいくら万円？
年金は1カ月に 3万3500円 しかないけど
家賃は 払わなくていいし 食費は息子一家が 出してくれるしで
この金額でも 大丈夫 なんですよ
やっぱり 家族がいると 強いな
それに息子から 毎月5万円 もらってるんです
年金 33,500円 ＋ 息子さん 50,000円
83,500円
なんてイイ息子なんだ!! そんな息子ほしい

お金は趣味に使ってますよ
趣味は野球と競馬
もちろん巨人です！
あとたまに旅行も……
きゃ♥
なんとも悠々自適!!
うちは家族経営なんだけど息子も嫁もマジメに働いてくれて
おかげでパートを雇わないですむからいまだにもつ焼も1本120円で出せるし
おしながき
タン 120
ハツ 120
レバ 120
シロ 120
ガツ 120
カシラ 120
ナンコツ 120
コブクロ 120
鳥 120
イカ 120
ネギ 120
ピーマン 120
シシトウ 120
孫もお店を継ぐ予定
グビ グビ
働くのも苦じゃないから体が続く限り働きたいし
動けなくなったら椅子に座って「看板おばあさん」になってって言ってもらってて
ニコ ニコ
お母さんいないと心配だもん
お店の常連さん

原や長嶋のサインもあるし松井のホームランカードも100枚…
ツヤ
ツヤ
そうか……
これが「生活に心配のない老後」ってヤツか……
まぶしいよお母さん…
う……
うらやましい……
健康で仕事があって趣味もあって
もつ焼 山本
生きてゆくことにおびえなくていい生活
人に頼り人から頼られ自分の居場所のある幸せ
テカ
テカ
テカ
ホントにありがたいことです

あやかりたいです
おかあさん……
しあわせになりたーーい
そのシアワセの秘訣を教えてくれませんか
コッソリ私にだけ…
一生懸命マジメにコツコツ働くこと
それ以外ないですよ
ツヤ
ツヤ
大関
――御意
ハッ
え？老後のことはいつから考え始めたかって？
まだ考えてなかったから…これから考えなきゃ
元気の秘訣はコレだ

10

保険のおはなし

ホケン
コンニチハー
ホケンに入りませんか?
今日は海苔持ってきました
のり
ホケンって
コレコレ
プラン組んで来たんですよ どお?
なんだっけ
ああ暗い
何も見えない
ここにハンコ押してください
ペタ
一緒に生保レディしませんか
ダメだよー
ちゃんと見なきゃ
え?
保険ったって いろいろ種類 あるんだから
比較するだけで 1カ月かかっちゃう んですよ
た
田中先生?
ピンピン
民間の
保険について 教えてください

そうだ！
私はいま
田中章二先生に
保険の話を聞きに
きたんだった！
ハッ
取材中
いま寝てましたね！
老後
公的年金で
なんとなーく
生活できる人って
「共働き」か
「主が厚生年金
配偶者がパート
（無料の国民年金）」
くらいなんです
保険ってワケわからなくて
知ってます
じゃあやっぱり
自営業者には
民間の保険って
大事ですよね
入ってよかった
うーんまあね
入るならカタカナ
（外資系）の
保険がいいですよ
え
日本の保険は
生命保険と
年金保険が
パックになってたり
有期だったりして
しかも
高いんだ
一緒に買ってネ
生命
年金
損保
ちょっ
待て！
待て待て
待って!!
なんで日本の
保険はダメ
なんですか
ホワーイ

だっていま生保業界では今年中に個人年金保険をなくそうって動きがあるんです
国債で運用してるから赤字が出たらどうするの？
保険ってそういうものなの？
個人年金保険などはほとんどが有期だし
有期でもらったお金は控除にもならないし
だから個人年金保険は損なんですよ
それに日本には公的年金があるからいいじゃない
ひぃー
はか
公的年金は終身だよ
つまり死ぬまでもらえるの!!
このホケンは60歳で切れるんで
それ以降はこのホケンがいいですよ
年齢と共に保険料も値上がりますけど
今日はカステラ持ってきました
カステラ
……っていってもやっぱり保険に入ってると安心は安心ですよね
ねえ知ってる？
ふっ
保険会社がいちばん儲かる保険商品が個人年金保険だってこと
はいい～？

だいたい考えてもみなさいよ
保険会社って
あの紙切れ1枚で
ビルが建つんですよ
保険
老後「左うちわ」
私たちが払ってる保険料って保険会社の資産なんですよ
キミの保険料だってビルのタイルの1枚くらいになってるかもしれない
保険会社
みんなありがとう！
で、どんな保険に入ってるの？見せてごらん
イヤです

私が加入してる保険 ——こんなカンジ——

日本●命
—年金保険—

平成 22 年 8 月 1 日加入
月払い 14,184 円
受け取り期間
65 歳～ 74 歳まで
年額 36 万円
1 カ月 3 万円

特約なし

大変ねー
これなんかどお？
病後でも加入できる保険だったので浮かれて入った

日●生命
—養老保険—

平成 13 年 8 月 1 日加入
月払い　16,265 円
65 歳満期で 500 万円受け取り

特約　病気・ケガの入院
1 回につき 25,000 円
1 泊 2 日以上　1 日目から
日額 5,000 円

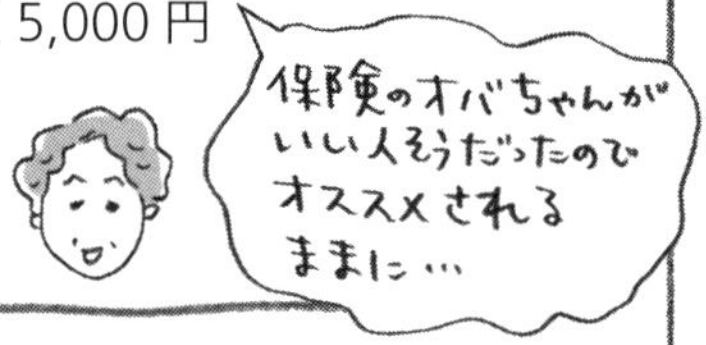
保険のオバちゃんがいい人そうだったのでオススメされるままに…

明●安●生命
—終身保険—

平成 27 年 4 月 7 日
300 万円一気に入れた

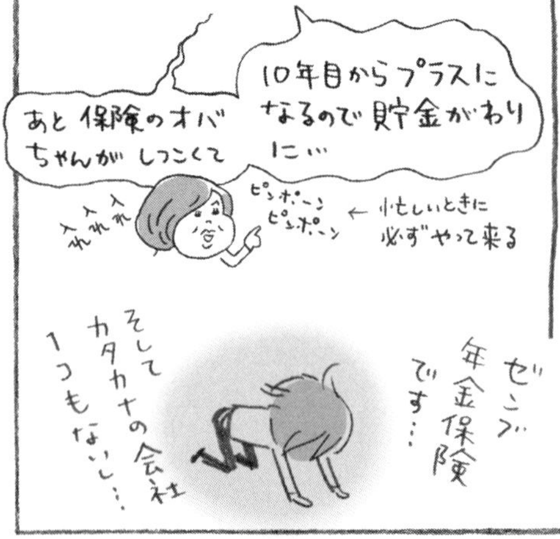
あと保険のオバちゃんがしつこくて
10年目からプラスになるので貯金がわりに…
入れ入れ入れ
ピンポーンピンポーン
← 忙しいときに必ずやって来る
そしてカタカナの会社1つもないし…
ゼンブ年金保険です…

こくみん共済
—掛け捨て—

月払い　5,200 円

特約
入院日額（5 日以上）
3,500 円～ 10,000 円
（1 日以上）
6,000 円

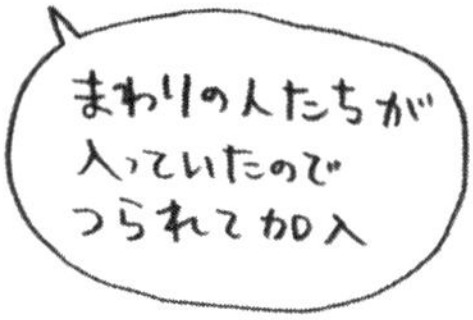
まわりの人たちが入っていたのでつられて加入

そんな私の国産保険 **満期になったらいくらもらえるの？**

養老保険　65歳満期

累計払い込み金額	5,458,400円
満期受け取り金額	5,000,000円

（一時受け取り金なし）

年金保険　65歳満期

累計払い込み金額	3,233,900円
満期受け取り金額	3,381,400円

終身保険（一時受け取り金あり）

45年目	3,675,000円

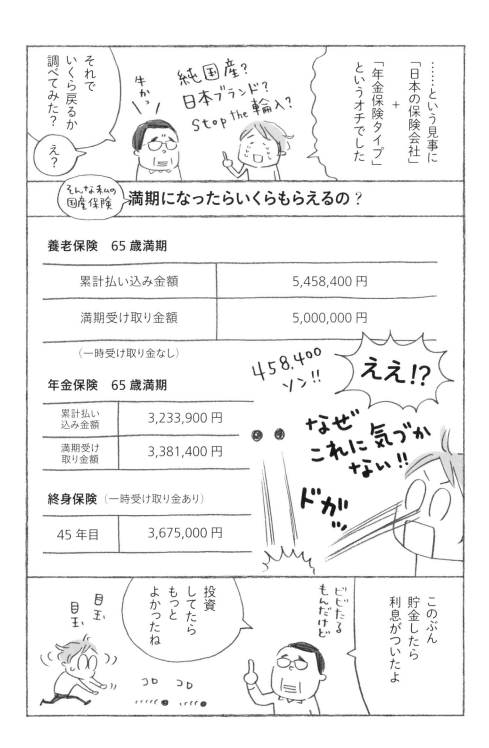

そもそも自営業のリスクってどんなの?

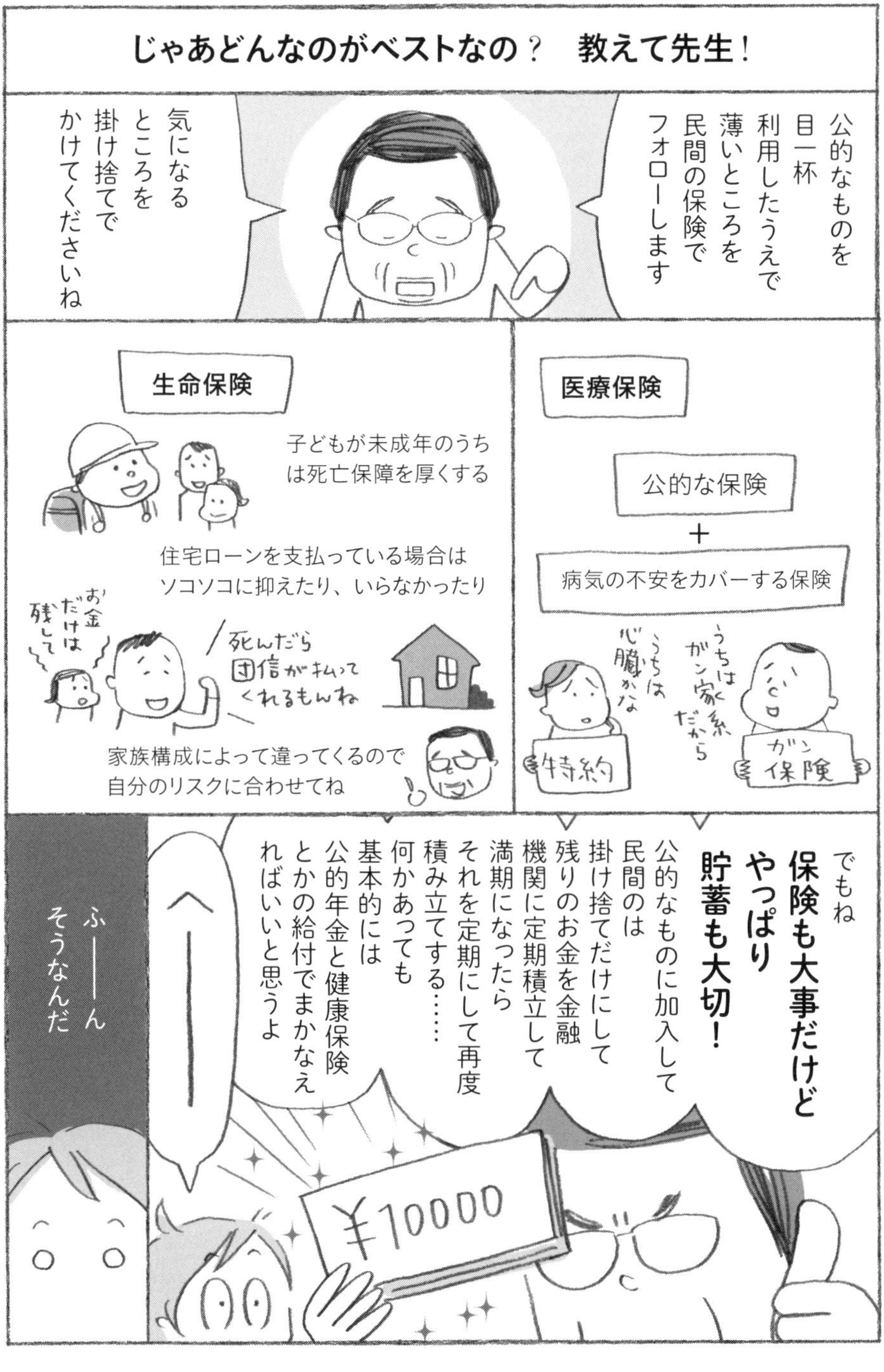

じゃあどんなのがベストなの？　教えて先生！
公的なものを目一杯利用したうえで薄いところを民間の保険でフォローします
気になるところを掛け捨てでかけてくださいね
医療保険
公的な保険
＋
病気の不安をカバーする保険
うちはガン家系だから
ガン保険
うちは心臓かな
特約
生命保険
子どもが未成年のうちは死亡保障を厚くする
住宅ローンを支払っている場合はソコソコに抑えたり、いらなかったり
死んだら団信が払ってくれるもんね
お金だけは残して
家族構成によって違ってくるので自分のリスクに合わせてね
でもね
保険も大事だけど
やっぱり
貯蓄も大切！
公的なものに加入して民間のは掛け捨てだけにして残りのお金を金融機関に定期積立して満期になったらそれを定期にして再度積み立てする……何かあっても基本的には公的年金と健康保険とかの給付でまかなえればいいと思うよ
へ――
ふ――ん そうなんだ
¥10000

それってもしかして
貯蓄してたら民間の保険いらないってことかな
確かに私も入院・手術時保険金が入って助かったけど
保険って景気のいいときに入るべきね
乳がんのときに給付された金額
がん保険　300万円 — 月々1500円×15年払った 景気のよかったときの保険で いまはこんなのないかも
養老保険　30万円 — いまとなっては200万円以上払ってる
こくみん共済（全労済）3万円 — 当然もっともっと払ってる
考えてみれば病気になったときこの金額は手元にあったわけだし だいたいもらった以上に払い込んでるし
いらないんじゃない？コレ
差額ベッド代くらいは入っててもいいよ
先生保険のやめどきってあるんですか
あるよ
契約のギリギリまで保障を受けてからやめます
契約ギリギリ
更新
ここでやめたらこの部分がもったいない！
ギリギリを狙う!!
よし！
解約返戻金もどれくらい出るか必ずチェックすること
了解っす

ってコトで

保険見直しました！

Before	After
年金保険　14,184円／月	解約！
養老保険　16,265円／月	解約！
こくみん共済　5,200円／月	解約！
終身保険　300万円	継続

民間保険をやめて
国のものに入り直した！
キリッ

New

国民年金　16,260円／月

小規模企業共済　70,000円／月

付加年金　400円／月

確定拠出年金　30,000円／月

都民共済「入院保障型」　2,000円／月

でもね 保険が全部ダメってワケではないんですよ
2～3％の人には絶対に必要なんです
これだけは覚えておいてください
夫に先立たれた
大病をした
事故で入院
長びく通院
重度障害
確かに転んでからは加入できませんもんね

思えばいままで
「保険は加入するもの」と
無意識に思い込んでました
たぶん
入ってると きっと安心だし！
何かあったときは お金が必要！
だったら これが オススメ ですよ
今日は おせんべい 持って きました
保険
でも
「加入しない」って
選択肢も
あるんですよね
要は
「現金」が
あればOK！
転ばぬ先の現金！
現金最強！
「ゆきち」に
勝るものなし！
これからはコツコツ
預金派になろうと
思います
いままでソン(?)したぶんは安心料と思えば…
保険会社
保険
さー解約解約
……にしても
「紙切れ1枚で
ビルが建つ」って
名言だよな
上田さん 解約完了です
私の保険料も このイスの脚くらいには なってるかも

コラム7

自営業の保険知識について

まずは公的制度の備えを優先！

自営業者には、会社員よりリスク要因がたーくさんあります。退職金がない、年金が少ない、病気やケガをすれば働けなくなる、仕事がなくなれば収入が途絶える……など。

保険は、人生のさまざまなリスクに備えるためのもの。会社員よりもはるかにリスクの高い自営業者は、保険についてより真剣に考える必要があるといえます。

ですが、死亡、ガン、傷害、入院、先進医療、就業不能、個人年金などなど、すべてのリスクに備えていたら、キリがありません。

保険を見直した上田さんのように、まずは**公的制度を優先**することをおすすめします。公的なものはやはり、さまざまな面で優遇されています。それらをフル活用したうえで、不安なところを民間でフォローするのが基本。

国民年金、健康保険はもちろん加入していますよね。老後はこれまで紹介してきた**確定拠出年金**、**小規模企業共済**、**国民年金基金**などでカバーしましょう。

本編マンガにもあったように、民間の個人年金保険は、マイナス金利のために販売停止になっているものが多いのが現状です（2017年3月現在）。あったとしても予定利率が低いので、いまから検討するのはあまりおすすめできません。

何が違うの？　**会社員**と**自営業者**

		会社員	自営業者
収　入		固定給（年齢が上がれば収入増の傾向）	不安定（稼いだ分のみ）
退職金		あり	なし
定　年		あり（60歳もしくは65歳）	なし
節　税		限定的	努力の甲斐あり
社会保険	公的医療保険	健康保険組合など（会社と本人が半分ずつ負担）	国民健康保険など（全額自己負担）
	公的年金	国民年金＋厚生年金（会社と本人が半分ずつ負担）	国民年金（全額自己負担）
	雇用保険	雇用保険（会社と本人が負担）	なし
	労災保険	労災保険（全額会社負担）	なし

※自営業者には会社員が病気やケガで仕事を休んだときにもらえる傷病手当金はない。また、会社員が産前産後にもらえる出産手当金、育児休業中にもらえる育児休業給付金もない（出産一時金はもらえる）。

賢い保険加入のコツ

民間保険で検討すべきは、主に**医療保障**と**死亡保障**でしょう。

病気への不安は、掛け捨ての医療保険でカバー。医療保険はいろいろな特約がついたセットものではなく、できるだけ**細かく加入**しましょう。セットにすると、ある特約がいらなくなったとき、解約して必要な保険に入り直さなければなりません。その際、加入年齢が上がって掛け金も値上がりすることが多いんですね。保険の見直しがしにくいわけです。

死亡保障については、子どもが未成年のうちだけ厚めにしておく、住宅ローン支払い中は団体信用生命保険を死亡保障代わりするなどの節約も考えられます。

よく「もしも自分が死んだら残された家族は……」なんて考えたりしますよね。でも、確率はそう高くありません。たとえば40歳男性の死亡確率は1000人中約1人。1000人いれば999人は生き残ります（厚生労働省「簡易生命表」2015）。統計的に見ても、**働き盛りで死ぬ確率はかなり低い**といえます（もちろん、万が一はあります）。

あなた!!
私と子のために
保険にだけは
たんまり
入ってね
……
お金だけは!!
おかね
おかね

やっぱり現金は頼もしい!?

収入が途切れるリスクには、**就業不能保険**などの検討が考えられます。ただし、通常うつ病や軽いケガくらいでは認定されませんし、業績悪化でもダメ。また、就業不能状態になってから2～3カ月は支払いの対象外だったりして、コストパフォーマンスはいまひとつです。

働けなくなったときのリスクは、保険をかけるより、できるだけたくさん貯金をしておくことが大切。**流動性にすぐれた預貯金**（**現金**）は、やはり強いです。自営業者の場合、せめて1年くらいは働かなくても暮らしていける預貯金がほしいところです。

いずれにせよ、必要な保障は人それぞれ。自分のリスクを知り、必要な保障はどんなものかを見極めることが大切です。（山崎潤子）

11

大家さんになりたい

年金にも加入し
保険も整理し
将来に備え
ああ
キュ〜〜
ほけん
それなのに
こんなにも……
こんなにも……
こんなにも…
老後の収入が
チャリーン
低いとは!!
……となると残るは
不労所得
キッ
ラクして儲ける!!
それが理想!!
——そう!
そもそも
もう1軒家がほしいのも
ソレが目的
——ってことで
不動産の話を
聞きに
行っちゃうぞ!

大家さんになりたい
長谷川高先生
不動産投資のコンサルティング顧問業務
書籍も出版し講演もおこなう不動産のプロです
老後に賃貸収入がほしいんですか？
そうなんです！
不労所得でひだりうちわ悠々自適に遊んで暮らすのが夢なんですが
先生!
ぶっちゃけ不動産投資ってホントはどおなの？
人口減少の昨今、
安易な不動産投資はリスキーだと言われています
それ本当
本当ですよ

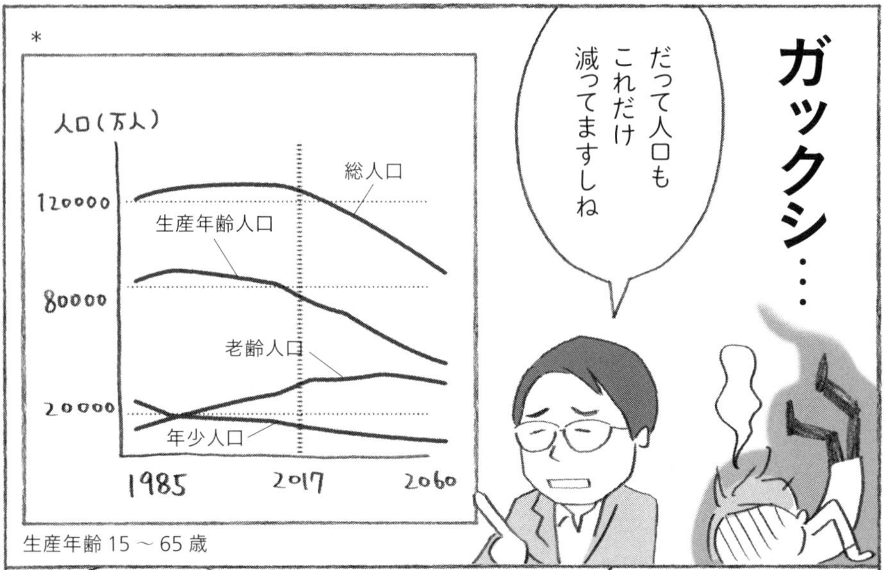

＊資料：国立社会保障・人口問題研究所「日本の将来推計人口（平成24年1月推計）」

	総住宅数（千戸）	総世帯数（千世帯）	一世帯当たりの住宅数（戸）
S53	35,451	32,835	1.08
H5	45,879	41,159	1.11
～			
H25	60,629	52,453	1.16

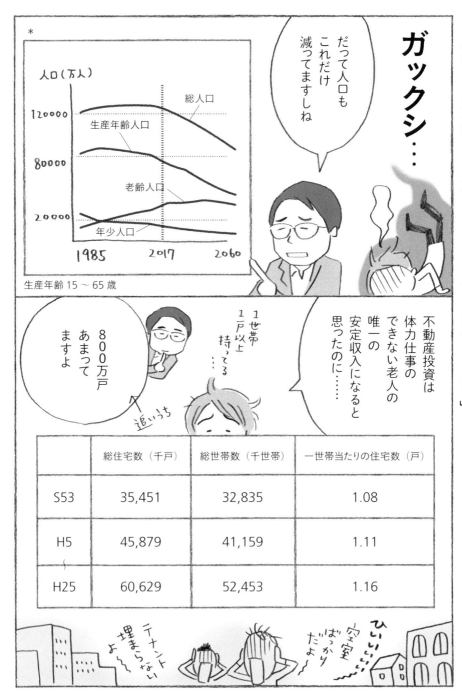

それでも
投資したいなら
この条件が
ベストです
人気エリアの駅前物件
高そう〜
駅
徒歩５〜８分
投資物件
可能な限り余剰金で買う!
もー 1億円 あまっちゃって
どーしよー
トイレでお尻でも
ふいちゃおうかなー
そんなお金
あったら
老後の心配
しませんて
お金ないけど
ほしいん
ですねん
ハイ!
老後のために
自分の足で何軒も何軒も
物件を見てまわる
目を養って!
不動産屋さんから
情報もらって
逆転の発想で
エリアを見る
人気のエリア
じゃなくても
安くて将来
値が上がり
そうなところ
ホテル
HOTEL
LOVE
このホテル街は
いずれ住宅地に
変わるかも…

物件を見る目を支えるのはやはり金融リテラシーです
チェッ カンタンにチャチャッとオススメを買えるもんじゃないのか… つまらん!!
自分の目くらい養いなさいよ
経済新聞
え? り? き?
経済の動きを知らずして投資はできません!
え?経済!?
先生!私大家さんになりたいだけでそんな大げさなこと考えてません!
おでかけですか レレ●のレー
のんびり大家さん
そんな!めっそーもない!!
不動産投資は「投資」ですよ
経済の流れを読まないと失敗することも当然あるのです
そもそも高値で買っては、うまくいきません
それは破綻↓樹海コースってこと!?
本気で考えるならしっかり頭金を貯めて少しでもリスクを減らすことですよ
間違っても頭金ナシのオール借り入れで高値で買わないこと!
金利のこともちゃんと考えてますか?
金利?
経済新聞

目先の金利に飛びつくなかれ

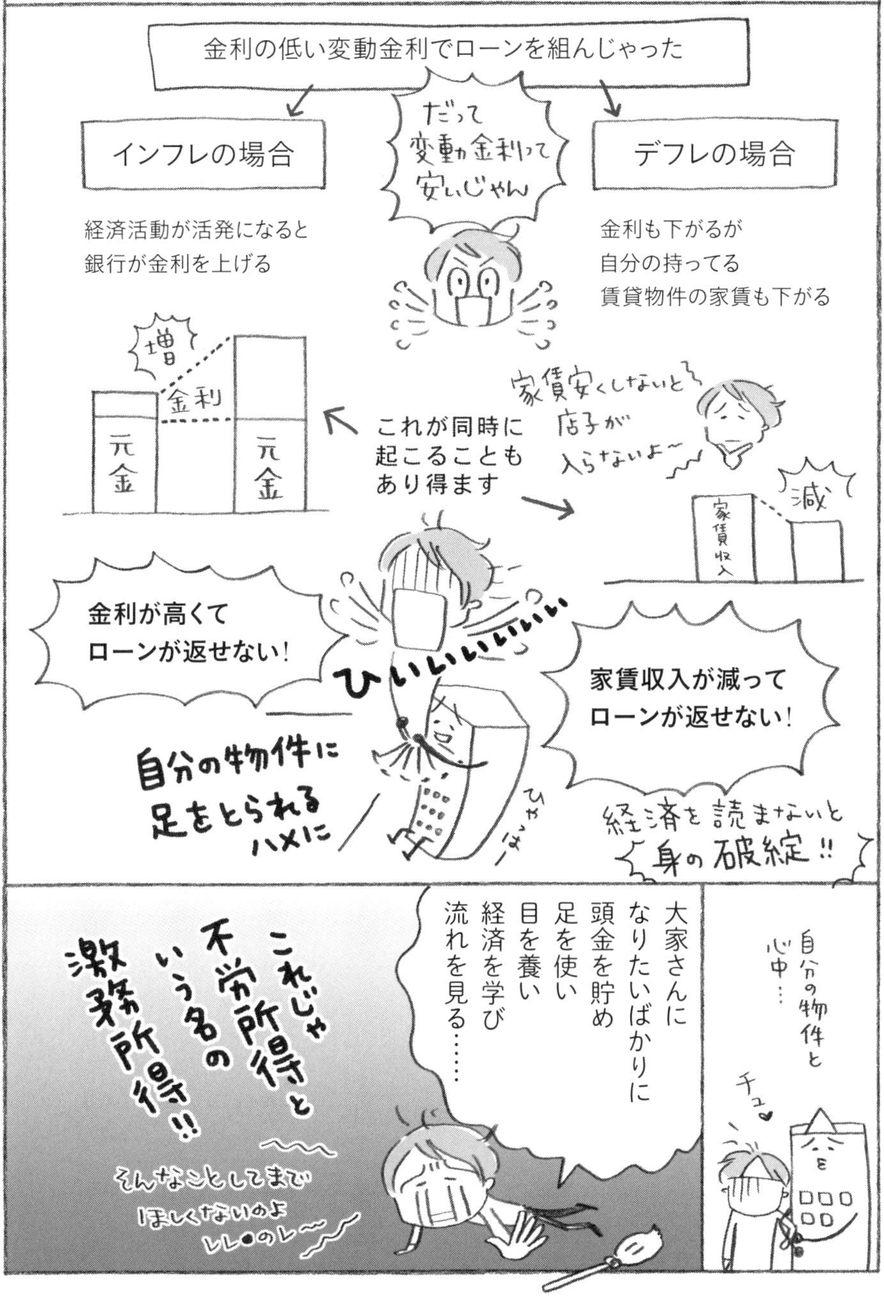

老後楽するってすんごく大変なことですね
そうですよ
この世にラクして儲かることなど
決してないのです!
肝に命じてネ
ないんですね ホントにないんですね
じゃあ先生 自営業者が家を買うとしたら どんなのがいいでしょうか
こうなったら2軒目の家に夢をたくす!
収入が不安定なので……
もしものときにすぐに売れる・貸せる立地がいいですね
新しさ・広さを求めるより人気エリアの駅近がベスト
駅
古くったって小さくったってイイ!
よし!そこを狙います!
でもその条件だと高そー

ところで先生
不動産オーナーに必要なものってな〜に？
これにつきます
金融リテラシー
それそれ！その「金融リテラシー」ってなんですか？
出たっ
大きな意味での「経済と金融の知識」これが投資の土台になります
不動産や節税の知識ももちろん必要だけどそれだけじゃダメなんです
これは買い
これはいらない
こっちはいまはマズイ…
「不動産」を通じていろんな人を見てきましたが
破綻するにはそれなりの理由があるんです
収入より支出が多かったりしてそもそも「金融リテラシー」がないんですよ
ヒョー
クルーザー買ったよー
LOVE丸
投資投資
攻めるばかりで守りなし
支出
収入
こりゃ破綻しそう
ハデに生きるぜー

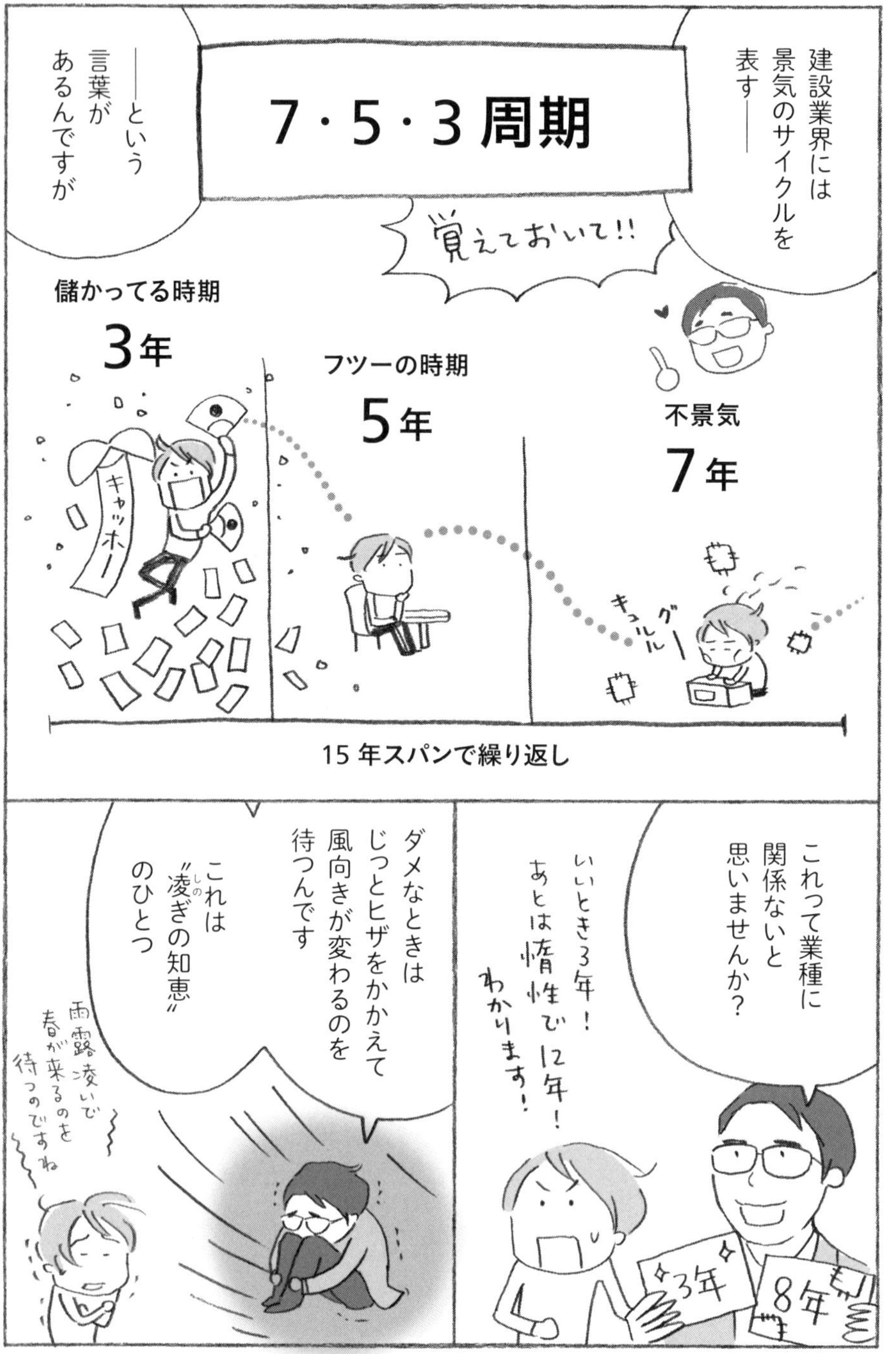
建設業界には景気のサイクルを表す――
7・5・3周期
覚えておいて!!
――という言葉があるんですが
儲かってる時期
3年
キャッホー
フツーの時期
5年
不景気
7年
キュルル
グー
15年スパンで繰り返し
これって業種に関係ないと思いませんか?
いいとき3年! あとは惰性で12年! わかります!
3年
8年
ダメなときはじっとヒザをかかえて風向きが変わるのを待つんです
これは〝凌《しの》ぎの知恵〟のひとつ
雨露凌いで春が来るのを待つのですね

そんな長谷川先生ってどんな人？
長谷川先生は32歳のときに大手不動産会社を辞めて起業
ひとりで仕事をするということは研修もないし情報も少ない
自分でなんでもお金を払って勉強しなくっちゃいけないんです
この道20年である
自営のツライとこ
ところで先生って独立したとき老後のこと考えてました？
全然考えてませんでした
でも途中で怖くなったんです
最初はこの仕事で食べられなくて
独立時に持っていた1300万円も3年間でゼロになっちゃって……
怖い!!
マジ!?
会社をつくると税務署に申告しなきゃいけないいんだけど
おーい申告に来なさいよ
税務署
これも5年くらいできなかったんです
理由？

税理士を雇う お金が
なかった から
コロコロ
それでも税理士を雇うんですが
あなたね こんなに業績が 悪いんなら 会計ソフトでも 使って 自分でやった ほうがいいですよ
悪いけど
——なんと！
3年で税理士から クビにされました
グラッ
去る
仕事が順調になり また税理士さんを 雇って……
節税や老後のための 貯蓄については 税理士さんからも 学びました
節税 貯金
そうなんですか
その経験があるんで いまだにお金が ある気がしなくて……
税理士に クビにされるって ナカナカ ないでしょ？
若いときの ニガイ経験って 大切ですよね

結局　老後って……

そんな長谷川先生ですが
老後はね やっぱり お金ですよお金
地獄の沙汰も 金しだいって 言うでしょ?
預金
先日 母の通帳を見る 機会があってね
母が病気になっちゃったもんで…
え?
とてもリアルな 老後の話をして くださいました
父は亡くなってて 80歳の母は いまひとり 暮らしなんだけど
この通帳を見たら 毎月10万円を 生活費として 引き出して いるんですよ
通帳
母はあまり出歩く タイプじゃないから 毎日のお惣菜を 買うくらいだと思うんですが
それでも毎月10万円は かかるんです 光熱費の支払いなども 含めると 月に十数万円はかかっている

母は70歳まで看護師をしていたので年金は2カ月で32万円振り込まれます
母の年金
1カ月16万円
これでも生活するのにギリギリじゃないですか
自営業だと国民年金って月に6~7万円でしょ?ぜんぜん足りないですよ
国民年金
1カ月6～7万円
半分以下か
だから
キリッ
貯金しないと
いけないんです
ビシシッ
通帳
長谷川母
老後のために!
母もいまは動けるけど難しくなったら
少しでも「良い施設」に入ってもらおうと思ってます
ホーム
○○○
「良い施設」って家族が見て自己嫌悪にならないところ
なかには悲しくなるようなところもあるから
ぎゅう
窓の外はとなりの窓
ぎゅう
これも貯金があってこそ…か

どんな施設に入るか
ドロドロ
ホーム
ホーム
やはり金か金なのかっ
それもすべて〝金〟しだい！
地獄の沙汰も金しだいって本当ですよ
では最後に　自営業の心得ってなんですか？
7・5・3ですよ！
儲かったときこそお金の知識を学び蓄え備える
余裕のあるときこそがふんどしを締めなおすときです
ぎゅう
ふんどし はかないので
勝ってカブトの緒を締めます
ありがとうございました
――以来 物件の空室チェックに余念のない私でした
このオーナー苦労してそう
テナント募集
ずっと貼ってる
あきらめてよかった

「家賃収入で老後を生きる」のは可能？

大家業はそんなに甘くない

上田さんのように、「夢は大家さんになって家賃収入を得ること」という人は少なくありません。たしかに老後の収入イメージとして、家賃収入は魅力的。巷では不動産投資セミナーがあちこちで開催されていますよね。

　投資物件の広告サイトを見ると、利回り10％なんていう数字をよく目にします。「利回りが10％もあるならいいんじゃない？」と思いますが、そう甘くないのが世の中です。そもそも広告にあるのは表面利回りであることが多く、**経費などを計算に入れた実質利回り**はぐっと下がります。その実質利回りも、常に優良な借主さんがいて、毎月きちんと家賃を払ってくれるという条件つき。

空室になったら？　家賃を滞納されたら？　事故（他殺や自殺）が起きたら？　……などなど、不動産投資にはリスクがいっぱいあるんです。ちなみに、通常の住宅ローンのような低い金利は適用されません。

不動産投資はハイリスク！

長谷川先生の言うように、大家さんになるとはイコール不動産投資をするということ。なぜか「株式投資は怖いけど、不動産投資ならやってみたい」と手を出す人も多いのですが、不動産投資のほうがはるかにリスクが大きいと思います。

考えてみてください。株式ならいくら上がったか下がったかが一目瞭然。想定外に下がって「これ以上損したくない」と思えば、売ってしまえばそれですみます。対して、**不動産価格は目に見えにくい**もの（しかも高額）。購入した物件にどのくらいの価値があるのかは、実際に売ってみるまでわかりません。いざ売ろうとしても、買い手がつかず値下げしなければならないこともあります。

大家なんていいことないわよっ
更新のとき出ていかれないように「更新料いりません」ったら「じゃあ浮いたお金で引っ越します」だってさ
ふざけてるでしょっ
そうですか…
大家業

不動産投資でうまくいっている人ももちろんいます。でも、トライするなら本編にあるように、**物件を見抜く力**が不可欠。まずはたくさん勉強する、たくさん物件を見ることが大前提です。

長谷川先生の著書によると、1000物件見ても、検討すべき物件はわずか3物件程度だそう。優良物件はまずネットなどでは見つからないし、末端の投資家に下りてくる前に、業者が買ってしまいます。本気で成功したければ、足しげく業者に通い、人間関係を築き、よい情報が入るようにすることから始めなければなりません。

さらに買い時を見極めることも大切。ある程度の期間、景気のサイクルを見続け、底を打ったと思ったときに買う。そのタイミングを見極めるには、金融リテラシーが絶対に必要です。

よい立地のよい物件を安く買うことができれば、安定した家賃収入が入りますが、相当な努力がいることを胸に留め置いてください！（山崎潤子）

12

一生黒字でいられる会計の知識

『正しい家計管理』『老後のお金』の言うとおりに生涯収支を出してみて（40ページ）
死
激しく体力を削られた私……
ホントに2kgヤセた
ドタッ
そんなものを編み出したのはどんな人なの？
ハゲた
ムク
顔を見てひと言礼くらい言わなくっちゃな！
というワケで
2冊の本の著者・林總先生に会いに来ました
先生！ありがとうございましたおかげで目が覚めました
本当にお礼言っちゃったりして
はっはっは
でどこがよかったの？
さっそくリサーチ
公認会計士
会計のプロです！

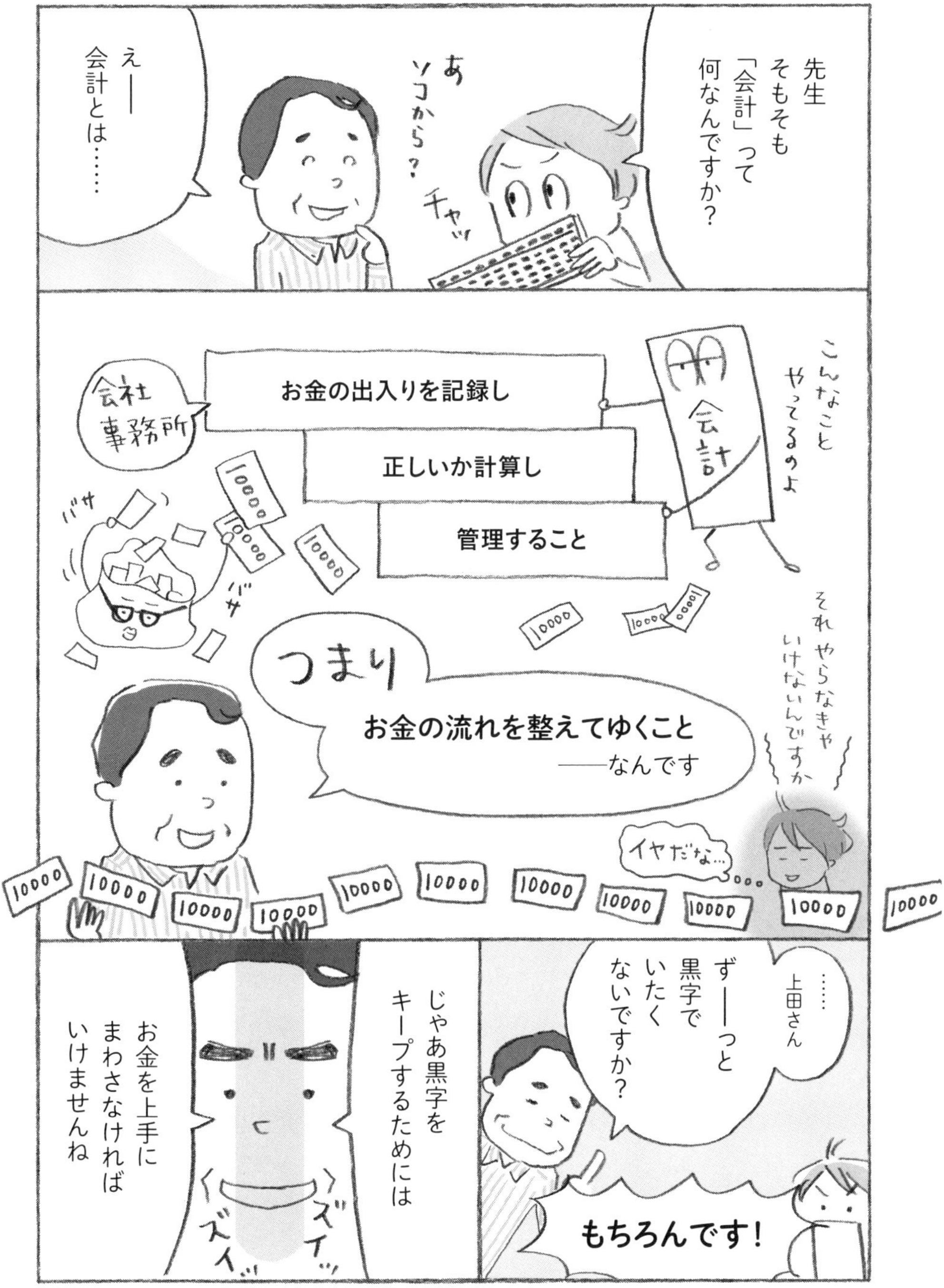
先生
そもそも
「会計」って
何なんですか？
あ
ソコから？
チャッ
え――
会計とは……
こんなこと
やってるのよ
会社
事務所
お金の出入りを記録し
正しいか計算し
管理すること
会計
バサ
バサ
10000
それやらなきゃ
いけないんですか
つまり
お金の流れを整えてゆくこと
――なんです
イヤだな…
……
上田さん
ず――っと
黒字で
いたく
ないですか？
もちろんです！
じゃあ黒字を
キープするためには
お金を上手に
まわさなければ
いけませんね
ズイ
ズイ

もしかして上田さんちって仕事もプライベートも同じ口座？
ハイ
モチのロン！
仕事の資料の本代
鍼治療代
お酒代
のエサ代
ひとつの口座
ダメですよ
え
「公」と「私」の口座は分けなきゃいけません！
「店と奥」と言って
口座は分けなきゃなし崩しになりますよ
奥（生活）
店（仕事）
よく昔のお店なんかで
売り上げを入れておつりを出す
やさい
母ちゃーんお金くれー
またかい
子どものおこづかいもここから出す
ホラよ
あんがとー
チャリン
わはははっ
うちコレです
笑えませんよ
ダメな自営業の見本です
ニコ
ニコ
ハ…ハイイー？

ダメな自営業者は「会計」を知らないし「会社法」も知らないんです
知らないことで損をしているんですよ
してるよ
してます! ものっそい損してます!
ダメな自営業者あるある
バタッ
悪いヤツにだまされて身ぐるみはがされたり
ここにハンコ押して
ハイ
もう うちの会社ダメだ
借金だらけ
こんなとき首をくくるか樹海に行ったりする
法律を知ってると民事再生法で立ち直ったり自己破産できたり
えっ 不渡りって2回出すと倒産するの?
へーっ
論外だったり
そんなっ いまさら会計ったって……どうすればいいんですか!!
教えてください!
大福帳

※マネープレッシャーのある生活とは、いつもお金の不安を抱え、汲々としている暮らしのこと

先生はいま65歳
もう30年以上も
活躍している
大先輩です
もしかして
そのあいだずーっと
黒字なんですか？
なーんちゃって まさかね
そう！
一度も貯金を
切り崩したことは
ありません
マジでっ
そ……その魔法
私も知りたい……
そして私も黒字人生に…
そんな黒字状態はどうやって作られたの？
独立したとき
街の税理士に
なるのは
イヤだなーって
思ったんです
魚屋
八百屋
そば屋
1日3~7万円には
なるので年収1千万円くらいは
すぐに稼げちゃう
センセー
何とかしてー
肉屋
惣菜屋
だってこんなに
走りまわるの
60歳になったら
大変でしょ？
チッチッ
チッ
で考えたのが
1日3万円で
毎日働くより
より？

1日30万円稼いで10日にいっぺんしか働かない
そんな生活を目指そう
よし！
自分の時給を
上げなくては
そのためには
自分の価値を
高めよう
知名度を上げよう！
そのためには
専門性を
高めるのだ!!
えーっ
そうくるの？
町の税理士でも
十分じゃないっスか
そうはいっても
そんなにカンタンに
できるとは
思えません!!
世間の代表として述べる!!
まだ誰も目を
つけてないところを
狙うんですよ
そこをシャカリキに
勉強すると
トップになれます
ホラ
全国100万人の
トップを目指すより
100万人
50人
ひとクラス50人の
トップを目指すほうが
カンタンでしょ？
競争相手は
少ないほうが
いいんです
えー!っ
パラ
パラ
目から落ちた
ウロコ

自営業は収入が不安定だから
いいときもあるし悪いときもあるさ波があるのは当然
気にしない気にしない
なんて考え方もあるでしょ?
フンフンフーン
でも自分の経験を振り返ると
それは違うんだな
ちがうの?
目の前の仕事をしながら次の仕事につながる営業をしなくてはいけないのだ
よし!この仕事を次に生かして…!
キリッ
いま稼ぐことに
必死!
になって営業しなかったら
そのうち仕事はなくなる
とりあえずいまを生きる!
どんなにいい仕事も同じ人脈やクライアントから発生するひとつのプロジェクトは
3年が最長ですよ
3年よ
ひぃーーっ
やっぱり仕事は3年が基本かっ
3年の呪いか…
でも先生
「営業」って何するんですか?
頭下げてまわるとか?

日銭を追うより価値を追え

この4年間は仕事がないときも監査のバイト（日銭を追う）をせず
ぐっとガマンして
グッ
会計の論文を書いてたんです（価値を追う）
仕事
仕事
結果的に大きな実りになりました
ステップアップの基本は日銭を追わずに価値を追うことです
将来の憂いをなくすには一段上のことをしないと！
仕事
日銭

そして仕事は川《かわ》上《かみ》を狙え!!
どんぶら
どんぶら
大会社（元うけ）
この元うけが未来永劫続く会社か見極めます
川上にいるとオリジナリティを発揮できる
仕事は川上から流れてくるのだ
川上を目指せ！
担当者と仲よくして仕事をもらうのは危険
もう仕事やらん！
怒らせちゃった
人間関係ベースの仕事は、不確実で固定収入にならない
元うけと下うけじゃ仕事もフェアにまわってこないよね
仕事
仕事
仕事
仕事
仕事
自分の専門性を磨けば
川の上流に登ることができる

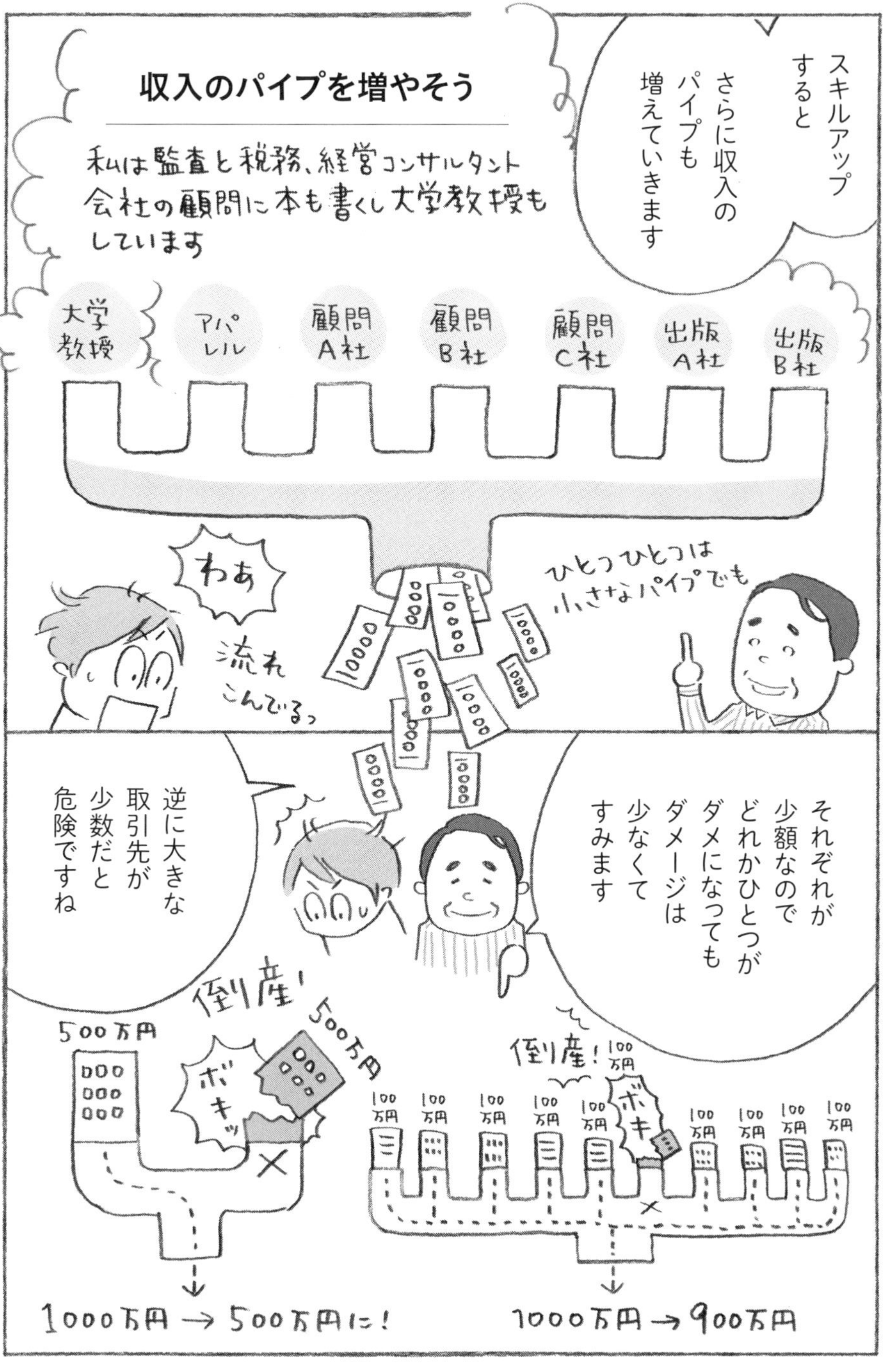

収入のパイプを増やそう
私は監査と税務、経営コンサルタント
会社の顧問に本も書くし大学教授もしています
スキルアップするとさらに収入のパイプも増えていきます
大学教授
アパレル
顧問A社
顧問B社
顧問C社
出版A社
出版B社
わあ
流れこんでるっ
ひとつひとつは小さなパイプでも
それぞれが少額なのでどれかひとつがダメになってもダメージは少なくてすみます
逆に大きな取引先が少数だと危険ですね
倒産!
500万円
500万円
ボキッ
1000万円 → 500万円に!
倒産!
100万円
ボキ
1000万円 → 900万円

ワタシ……ボンヤリ生きてるうちに52歳になってしまいました
もっと早くに知りたかった!!
イエイエ
まだまだこれからですよ
私は
人生のピークは60歳だと思っています
ええ!
私には文章の師匠がいて当時
ピークは60歳だよ
――と言われてたんです
えー そうかなー ピークって28歳くらいじゃないの?
師匠当時60歳
林先生当時40歳
でも自分がその年になってみると……
ドラッカーと会計
餃子屋と高級フレンチではどちらが儲かるか
本のヒットが55歳
大学の教授のオファーが来たのが65歳

師匠の言葉に
納得がいきました
60歳はそれまでの生き方や
知性が実を結び
大きな総合力となって
発揮される年なのです
心・技・体
とおっ
60
50歳など
まだまだ
しわっぱ!
小僧
ひよっこ
ひぃっ
バラ
バラ
体は老いて
いきますが
人生は
終わりでは
ありませんよ
林
先生…
大切なのは
「いま何ができるか」
なのです
未来の自分に
何を渡せるか
考えるのもいいですね
ひー!っ
最後まで
目からウロコが
なんだか
やる気が
出てきました
60歳に向けて
ガンバります
バラ
バラ
バラ
師匠いま
85歳
いやいや
人生のピークは
80歳じゃよ

コラム9

青色申告で簿記・会計を学ぼう

青色ならプラス65万円控除！

会社が残業代や手当、社会保険料などを計算してくれる会社員と違って、自営業者は売り上げや経費など、お金の管理を自分でしなければなりません。まさにザ・会計の世界ですよね。さらに毎年確定申告をしなければならないので、最低限の知識は身についているはず。とはいえ、とかくどんぶり勘定になりやすいのが、自営業の会計なのです。

簿記・会計知識をつけるためにおすすめなのが、**青色申告**です。ご存知のとおり、確定申告には青と白があります。わかりやすくいえば、白＝かんたんでズボラな人向け、青＝めんどうだけどお得、という感じですよね。

青色申告がどうお得なのかといえば、なんといっても38万円の基礎控除に加え、**最大65万円の特別控除**を受けられること。収入から経費等を引いた所得が300万円だった場合、白色申告なら38万円控除で所得税額16万4500円、青色申告なら38万円＋65万円控除で所得税額9万9500円。その差6万5000円！　もちろん控除額に応じて住民税も安くなります。さらに、**赤字が3年間繰り越せる**、**家族への給与を経費にできる**といった優遇措置もいろいろ。

これまで「めんどうくさい」という理由で

白色申告を貫き通してきたという上田さん。ああ、もったいないですね……。

青色申告に必要な3つのこと

青色申告をするためには、何をすればよいのでしょうか。必要なのは次の3つです。

まず、①税務署に**開業届と青色申告承認申請書**を提出します。②65万円控除のためには、**複式簿記**というちょっとめんどうな帳簿作成が必要です。③確定申告では、青色申告決算書（**損益計算書、貸借対照表**）を提出しなければなりません。以上です。

複式簿記、損益計算書、貸借対照表は簿記・会計の基本。青色申告をすると、自然と簿記・会計が学べてしまうというわけです。節税しながら勉強ができると思えば、なんとかやる気になれるのではないでしょうか。

ちなみに、個人事業主（事業所得者）のうち、青色申告者の比率は55・4％（国税庁統計年報：2012年度）。半数以上が青色申告でしっかり節税しています。（山崎潤子）

おわりに

イヤーもー
ビックリした！
年金手帳
何がビックリしたって
1 国民年金に加入した
2 付加年金にも加入した
3 小規模共済と確定拠出年金に加入した
4 保険を相当見直した
5 財産目録をつけて90歳までの収支を計算した
6 老後に向けて積極的に貯金を始めた
7 老後に希望を見出した
この私がどーよ!!

人間って
やれば できるんだ!
思いおこせば 仕事もお金も減って
早く
死のう
――が口グセ だった あの3年間
老後を考え 不安で夜中に 飛び起きた 3年間
ハッ
ガバッ
チョット
チョット
友人と会っても その不安感から 自分のことばかり話し
ヒンシュクを 買っていた 3年間
私が 私が
私を 私を
私 私 私
あんたねー
人ってつらいと 自分のことばっかり 話すよね
恥ずかしい…

毎日毎日
小銭を
追いかけ
PCの内職サイトに登録するか…
PCで内職
不安だ不安だと
言いながら
何が不安なのか
具体的に
考えることもせず
思えば
この3年間は
価値を追う
絶好の
チャンス
だったのに……
でも
今回の本を
書くにあたって
マジで老後
ヤバいじゃん
改めて
自分の
生活を
数字に
してみると
いま何をしたらいいのか
どこを修正したらいいのかを
あでも
ここはがんばれば
イケるかも!
ここは
どうやって
やり過ごそうか
考え始めるようになりました
生涯
収支
財産目録
よもや
ニガテな数字に
助けられようとは…

いまやることが
見えてくると
「不安」も
小さくなってきて
その小さくなった
不安のスキマに
将来の
やりたいことや
うっすらとした
希望が入ってくる
希望
楽しい
やりたいこと
見たいもの
不安
そうすると不思議なもので
「不安なこと」を
考えてるヒマが
なくなってきました
いまできること
いまやること
あんなにおびえてた
不安が
いつのまにか
小さく！
もしかして
ヒマだった
だけなんじゃ…

こんな時代に
老後を迎えるのだから
不安がなくなるなんて
絶対ないし
お金ないのに
ハラは減るのね
ましてや未来の
ことなど
かいもく見当も
つきません
それでも準備している人間と
していない人間では
心がまえも焦りも結果も
大きく違ってくると思います
これとこれとこれと
気合い
健康
ゆきち
53歳
もうだめかと
思っていたけど
まだまだ光が
見えそうかな
だって老後ってケッコー先なんだよね
今日からの準備だって大丈夫!
自営業の老後
憂えず備えて
転んだらまた立てばいいんだよ
老後の扉
ガッツ
ゆきち
筋肉
共に乗り切りましょう!

最後に
なりましたが
ペコリ
マヌケな質問ばかりでスミマセン
取材に応じていただいたみなさま本当にありがとうございました
私が無年金だと話したら一様に絶句されてましたが
ええ!!
親切にご指導いただきました
感謝しております
そして編集者の飛田さま今回はお声をかけていただいてありがとうござ……
あ 上田さん
いたいた
?
次は自営業の税金の本ですから!早く取材に行きましょう!
えっ
あの
え
急いで急いで
え―――ん

おしまい

上田惣子（うえだ そうこ）
イラストレーター歴 25 年の 53 歳。これまで雑誌・書籍でお金関係のイラストやマンガを大量に描いてきたのに、お金まわりの知識とセンスが欠落しており、将来設計をしないまま 50 代に突入。事務手続きも大の苦手。でも〆切りは絶対に守るまじめな働きマン。
共著に『マンガ　女のお金の超常識』『マンガ　読むだけでチョットよくなるあなたの英会話』『8 歳からのお給料袋』（いずれもマンガ担当）などがある。
同業の夫と猫 4 匹と暮らす。

ブログ「ハラいっぱいだよ　困ったもんだ」
http://ameblo.jp/nekonobitti/

マンガ　自営業の老後

2017 年 4 月 17 日　第 1 刷発行
2017 年 9 月 1 日　第 9 刷発行

著　者　　上田惣子

発行者　　山本周嗣

発行所　　株式会社文響社
〒 105-0001　東京都港区虎ノ門 2-2-5
共同通信会館 9F
ホームページ　http://bunkyosha.com
お問い合わせ　info@bunkyosha.com

印刷・製本　　中央精版印刷株式会社

ISBN コード : 978-4-905073-90-1 Printed in Japan

この本に関するご意見・ご感想をお寄せいただく場合は、郵送またはメール（info@bunkyosha.com）にてお送りください。